Michel MORAL
Pierre ANG

COACHING

Outils et pratiques

ARMAND COLIN

Des mêmes auteurs

Moral Michel, *Le Manager global : comment piloter une équipe multiculturelle*, Dunod, Paris, 2004.

Angel Pierre, Botbol Michel, Facy Françoise, *Adolescence et solvants*, Paris, éditions du Greupp, 1987.

Angel Sylvie, Angel Pierre, Horwitz Marc, *La Poudre et la fumée*, Paris, Acropole, 1987.

Angel Sylvie, Angel Pierre (dir.), *Entre dépendances et libertés*, Paris, éditions du Greupp, 1988.

Angel Sylvie, Angel Pierre, *Familles et toxicomanies : une approche systémique*, Paris, Éditions Universitaires, 1989.

Angel Sylvie, Angel Pierre, *Comment bien choisir son psy*, Paris, Robert Laffont, 1996.

Angel Pierre, Richard Denis, Valleur Marc, Chagnard Éric, *Toxicomanies*, Paris, Masson, 2000 (2e édition augmentée, octobre 2005).

Angel Sylvie, Angel Pierre, *Les Toxicomanes et leurs familles*, Paris, Armand Colin, 2003.

Angel Pierre, Mazet Philippe (dir.), *Guérir les souffrances familiales*, Paris, Presses universitaires de France, 2004.

Angel Pierre, Amar Patrick, *Le Coaching*, Paris, Presses universitaires de France (« Que Sais-je ? »), 2005.

Angel, Pierre, Amar Patrick, Vaudolon Brigitte, Gava Marie-José, *Développer le bien-être au travail*, Paris, Dunod, 2005.

Angel, Pierre, *Le Bonheur en famille. Psychologie de la vie familiale*, Paris, Odile Jacob, 2005.

Michel Moral, psychologue clinicien et coach, diplômé de l'École centrale de Paris, est chargé d'enseignement à l'université Paris 8.

Pierre Angel, psychiatre et coach, est professeur des Universités en psychopathologie à l'université Paris 8.

Internet : http/www.armand-colin.com

ISBN : 2-200-34125-3

SOMMAIRE

INTRODUCTION

L'anglais « *coach* » a une origine française : « cocher ».
« Cocher », ou plutôt « coche », proviendrait du mot hongrois
pour « diligence », *kocsi,* lui-même issu du nom de la ville de Kocs,
une bourgade hongroise où furent construites
au Moyen Âge des diligences postales dotées d'un système
de suspension et de conduite à la fois innovant,
exceptionnellement solide et confortable.

1. L'IMMENSE SUCCÈS DU COACHING

Les entreprises soumises aux lois du marché mondial ont bien compris que les changements de la société et de l'individu impliquaient une évolution profonde des attitudes du manager et de ses équipes. Paradoxalement, l'orientation plus marquée vers l'exécution de tâches, inspirée du mode de management anglo-saxon, implique une attention plus soutenue pour l'humain. Aux compétences techniques doivent désormais s'ajouter le sens des relations humaines et l'adhésion aux objectifs poursuivis. Au niveau des subordonnés, le désir d'être conforme doit faire place à celui de contribuer et de prendre une place d'acteur dans le changement du monde. Le manager nouveau, quant à lui, tient davantage de l'animateur que de l'autocrate dont les ordres tombent comme des pierres : « Je compte sur toi » est une phrase de plus en plus fréquente, qui questionne la confiance. Bien sûr, une initiative accrue implique le droit à l'erreur, et par conséquent invite les organisations à abandonner une culture du blâme.

Dans ces conditions, chaque personne doit pouvoir surmonter elle-même les obstacles internes ou externes. Les relations entre les personnes doivent être contributives et exemptes des scories de conflits personnels mal résolus ; les équipes doivent fonctionner comme une entité cohérente, portée vers le succès, et les organisations doivent exploiter le meilleur de leurs ressources.

Les limites de la formation et du conseil étant atteintes, un nouveau mode de transfert du savoir-faire est peu à peu apparu : le coaching. L'ampleur des résultats obtenus, ainsi que l'impression de facilité à rencontrer le succès éprouvée par les premiers coachés, ont contribué à l'explosion de la demande pour cette forme de facilitation.

2. Aux origines : le coaching sportif

En anglais, le terme de *coach* est associé à une notion de mouvement, de conduite, d'objectif à atteindre. Il reflète l'idée d'accompagnement, de préparation et d'aide au positionnement face à un défi qui peut être professionnel, mais aussi personnel.

Le mot de *coaching* provient de la pratique anglo-saxonne de l'entraînement sportif. Le coaching sportif vise à exploiter au mieux le potentiel d'une personne ou d'une équipe en vue d'un résultat précis et mesurable (battre un record, atteindre la première marche d'un podium, emporter la coupe d'un championnat…), ou afin d'aller plus loin que l'état actuel (passer de champion de France à champion du monde, par exemple). Le coach sportif est presque toujours un ancien athlète ayant lui-même un long parcours dans la discipline où il opère ; par son expérience et son charisme, il aide son champion à trouver en lui les ressources pour se dépasser. Tous les athlètes professionnels ont aujourd'hui un coach, et tous sont convaincus que, sans cette aide, leurs résultats seraient moindres.

Le coaching des sportifs de haut niveau s'est constitué à partir d'un ensemble de techniques éprouvées depuis des décennies, mais qui ont évolué considérablement en même temps que la société s'est transformée. Empruntant à l'origine un style quasi militaire, il s'est vu confronté à l'individualisme croissant des sociétés occidentales, à la diversité des valeurs, au rôle croissant des femmes et aux modifications au sein de la famille, telle par exemple l'évolution de l'image paternelle. Peu à peu, l'approche autoritaire est devenue inopérante : le coaching sportif est passé par une douloureuse phase de redéfinition, où les notions de succès, de motivation et de contribution ont dû prendre en compte les réalités nouvelles de notre société.

Pour qui s'intéresse au coaching d'entreprise, l'histoire du coaching sportif est éclairante, ne serait-ce que sur ce point précis : elle nous permet de comprendre que l'apparition de nouvelles méthodes d'organisation et de management tient beaucoup plus à l'évolution des valeurs collectives qu'à la créativité des consultants.

3. LE COACHING DANS LES ENTREPRISES

Transposé dans le monde de l'entreprise, le coaching consiste en l'accompagnement d'une personne ou d'une équipe en vue de maximiser sa performance dans le cadre d'objectifs professionnels. Mais, contrairement au coaching sportif, le coaching professionnel ne se place pas dans une logique de compétition : il vise plutôt à développer les compétences des individus ou des équipes.

L'apparition du coaching en entreprise tient à de nombreuses raisons, et il est difficile d'affirmer que telle ou telle est plus déterminante que les autres. En effet, le tissu industriel a connu des modifications considérables durant les trente dernières années, marquées par le glissement de la production de biens vers la fourniture de services, ainsi que par la progression fulgurante des performances des outils de traitement de l'information et des capacités de télétransmission. La qualité et la fiabilité de ces outils permettent aujourd'hui la mise en œuvre des concepts les plus avancés en terme d'organisation et de management.

Pour comprendre cette évolution, il convient de rappeler certaines étapes de l'histoire de la théorie des organisations. La structure *hiérarchique* proposée par Henri Fayol (1916) avait pour principal inconvénient la lenteur et la piètre qualité du processus de décision. La structure *fonctionnelle* imaginée par Frederick Taylor (1911) résolvait ce problème, mais butait sur celui de la cohésion d'ensemble. Au demeurant, ce type d'organisation n'a pu être mis en œuvre à cette époque, faute d'outils puissants de traitement de l'information. Une structure intermédiaire, dite *hiérarchique-fonctionnelle* (« *staff & line* »), est apparue dans les années 1950 ; mais, efficace pour gérer des marchés relativement structurés, ce mode de gestion s'accommodait mal de la complexité et des changements rapides. Très orientées vers le contrôle, ces structures pouvaient devenir lourdes et entretenir une confusion entre pouvoir (le « *line* ») et responsabilité (le « *staff* »), au risque de démotiver les niveaux d'exécution.

Afin de lutter contre l'engourdissement, les entreprises ont inventé ou institué des approches visant à s'assurer la motivation des employés. Elles se sont notamment intéressées au développement d'un sentiment d'appartenance, en favorisant un esprit de corps digne des meilleures armées de l'histoire. L'institution d'une culture d'entreprise, souvent pesante, passait et passe encore par des règles précises et explicites, des actions en commun destinées à souder les équipes, toute une panoplie de récompenses et de punitions, des signes distinctifs, et des systèmes de protection sociale généreux.

Pourtant, si le levier de l'appartenance reste et restera une voie privilégiée pour augmenter l'efficacité collective, il est apparu peu à peu qu'il ne permet pas de résoudre le principal problème que rencontrent de nos jours les entreprises, à savoir la capacité à s'adapter rapidement aux mutations brutales du marché. De douloureux désastres industriels, dus à la soudaineté des changements, ont en effet obligé les entreprises à privilégier avant tout la capacité à affronter l'imprévisible ; de ce point de vue, c'est l'initiative personnelle, correctement canalisée, qui représente la direction à privilégier dans l'avenir.

En vue d'obtenir que chacun développe initiative et créativité, les experts du management ont tout d'abord imaginé divers systèmes, dont l'idée générale est de susciter un conflit stimulant au sein même de l'entreprise, conflit dont la direction est l'arbitre ultime, mais qui doit normalement se résoudre de lui-même en débouchant sur la décision la plus favorable. Dans cette veine est apparu voici une trentaine d'années le concept de *relation client-fournisseur* au sein même de l'entreprise, ou encore le *management par conflit* qui, par la distribution d'objectifs contradictoires entre les fonctions, permet à la direction de conduire les opérations par une succession d'arbitrages. Par exemple, la direction financière peut défendre le profit, tandis que la direction commerciale court pour le revenu : les volumes obtenus par des prix bas se confrontent alors aux impératifs de marge bénéficiaire. Ces différentes conceptions du management partent du principe que, le conflit existant de toute façon dans toute société humaine, autant l'organiser et exploiter l'énergie qu'il potentialise.

Ces approches ont trouvé leurs limites lorsque l'internationalisation a placé les protagonistes de part et d'autre d'une frontière : le conflit, d'âpre mais stimulant, devenait alors source de frustration, les différences culturelles contribuant à amplifier les malentendus.

Tout a changé voici deux décennies, lorsque les progrès de l'informatique et des télécommunications ont permis de réaliser le vieux rêve de Taylor. En effet, les systèmes modernes de gestion intégrée permettent le fonctionnement harmonieux d'une organisation fonctionnelle ; en outre, les problèmes de distance géographique peuvent être gommés par la mise à disposition de banques d'information partagées et alimentées par tous les acteurs d'un système de management par projets, flexible et adaptable.

La révolution technologique a donc permis une révolution des concepts du management. Mais elle a également entraîné un bouleversement des mentalités. Au *don de soi*, dans la perspective d'une tyrannie du produire, se substitue la notion de *responsabilité*. Disposer de données partagées implique la mise en commun de celles dont on dispose, et provoque de ce fait l'obsolescence du lien entre pouvoir et savoir. Le chef n'est plus celui qui sait et distille avec parcimonie l'information qu'il détient, mais celui qui anime, fait adhérer au projet, et convainc.

Utilisé depuis longtemps au sein des entreprises américaines, le coaching professionnel a été introduit en Europe à la fin des années 1980. Les approches varient selon l'origine professionnelle du coach et sa sensibilité théorique. Néanmoins le point de départ demeure identique dans tous les cas : il réside dans l'instauration d'une relation de confiance entre un coach et un coaché, laquelle s'inscrit dans le cadre d'une méthode non directive consistant à aider l'autre à lever ses inhibitions ou à exprimer son potentiel. Tout coach s'efforce d'accompagner le coaché dans la clarification de ses relations à autrui, de manière à lui permettre d'assumer ses propres décisions et de devenir autonome. Le coach est, en quelque sorte, l'héritier de la maïeutique de Socrate, dont l'objectif était d'aider l'individu à trouver sa propre vérité.

Les techniques actuelles du coaching puisent dans les concepts des grands courants des sciences humaines, sociologie d'une part, psychologie d'autre part. Les techniques de soin fournies par la psychopathologie clinique ont considérablement influencé les approches contemporaines du coaching : la psychiatrie tout d'abord, qui, du haut de ses deux siècles d'existence, modèle toujours notre vision de la personnalité humaine ; la psychanalyse ensuite, qui a fourni le modèle explicatif de la psyché le plus élaboré à ce jour.

Les recherches sur le comportement humain entamées à la fin des années 1940 ont donné naissance à une forme particulière de coaching, où l'observable et le quantifiable prévalent, ce qui permet le contrôle du résultat. Mais d'autres techniques se fondent sur la réflexion et l'intuition, s'inspirant en cela du courant humaniste né à la fin des années 1960, en même temps que le courant systémique ; ces deux systèmes conceptuels possèdent d'ailleurs actuellement la plus forte incidence sur les approches du coaching, en raison de la richesse des outils pragmatiques qu'ils ont créés. Quant aux études sur l'intelligence artificielle et au courant cognitiviste des années 1970, ils ont permis un renouveau de l'approche comportementaliste, aussi bien au niveau individuel qu'au niveau collectif.

D'autres domaines comme les sciences de l'éducation, le développement organisationnel, les innovations en matière de croissance personnelle et les techniques du conseil ont également contribué à l'évolution du coaching. Mais au-delà des compétences initiales et des choix conceptuels du coach, les changements rapides de la société contribuent à sans cesse remodeler sa pratique.

4. La crise du sens

Alors que l'entreprise s'efforce de passer d'une conception prônant le sacrifice personnel à celui de la réalisation de soi par la conquête, l'excellence et la performance, la société occidentale avance vers un individualisme de plus en plus forcené. Les personnes exigent avec vigueur un espace autonome, hors de la vie professionnelle, permettant une construction identitaire ne passant pas par l'appartenance à un groupe ou à une culture artificielle. Dès lors, l'autorité n'est plus la voie privilégiée pour assurer l'efficacité, et le besoin de cohésion tend désormais à exploiter l'*interdépendance*, mieux acceptée que l'adhésion à des normes collectives rigides.

Cependant, la société ne fournissant plus une base identitaire aussi dense que par le passé, puisque les grands systèmes de sens (religion, politique, philosophie) se sont progressivement effacés dans le monde occidental, la personne, devenue individu, ressent comme un vide qui ne peut être comblé que par un travail sur elle-même. En conséquence, la demande pour tout ce qui est de l'ordre du psychologique (développement personnel, psychothérapie, coaching) connaît une très forte croissance, tout autant, d'ailleurs, que celle pour les systèmes de sens « prêts-à-porter » fournis par les sectes ou les gourous. Certains pensent que c'est plutôt le passage d'une société de l'interdit à une société de la performance qui, en augmentant l'exigence, provoque un stress, qui lui-même induit le recours à l'assistance externe. D'autres considèrent à l'inverse que c'est l'existence d'une offre qui stimule la demande, tout comme l'invention des antidépresseurs aurait favorisé l'incidence croissante de la dépression.

5. Le coaching personnel

Le coaching personnel, ou pour certains « *life coaching* », est un accompagnement de la personne vers l'atteinte d'un projet personnel ou d'un projet de vie. Il ne s'agit pas de guérir, mais de dépasser des obstacles ou d'exploiter un potentiel : si la personne qui consulte un thérapeute commence par « Je souffre... », celle qui entreprend un coaching personnel évoque plutôt une difficulté, un obstacle ou le sentiment de ne pouvoir se déployer complètement.

L'introduction du coaching personnel a en quelque sorte ouvert la boîte de Pandore. Le mot « coaching » n'appartenant à personne, il est bien souvent utilisé par les spécialistes de la communication pour son impact sur l'imaginaire du public. On peut voir fleurir des offres de service comme « coachez votre vie amoureuse », « coachez votre épargne », ou encore « coachez votre retraite »... Cependant, le concept répond à une problématique valide, qui est qu'une personne ne doit pas nécessairement sacrifier sa vie personnelle pour atteindre ses objectifs professionnels. La démarche du coaching personnel est identique à celle du coaching professionnel, mais déplacée vers des problématiques privées : elle permet de mettre en phase les objectifs personnels et les aspirations fondamentales de l'individu.

6. La situation actuelle

Dans un premier temps, le coaching s'est développé en épousant l'attrait pour une approche non psychologique de problèmes relevant de méthodes héritées de la psychologie. Issu du sport, du conseil et de la formation, il a pris naissance en s'affranchissant du savoir des professionnels du soin qui, il est vrai, se cantonnaient et se cramponnaient aux demandes du type « Je souffre », sans se préoccuper du « Je veux faire encore mieux ».

Dans un deuxième temps, les psychothérapeutes se sont intéressés au coaching comme une extension naturelle de leur compétence. Aux outils pragmatiques conçus par et pour les entreprises se sont ajoutés ceux, plus conceptuels, mis au point par les psychologues et les cliniciens qui, s'estimant détenteurs légitimes du savoir sur le changement, ont insisté sur les mécanismes sous-jacents et sur les problèmes déontologiques et éthiques posés par l'exercice sans contrôle d'une activité touchant à l'humain.

La période actuelle est marquée par une interrogation sur le rôle de chacun des différents courants des sciences humaines dans cette discipline nouvelle. Il est clair que le coaching répond à une évolution sociologique vers un individualisme et un hédonisme accrus, et que les problématiques de la relation, du groupe, de la performance, de la différence culturelle, prennent le pas sur celles qui relèvent des conflits intérieurs à la personne. Les techniques pour répondre rapidement à la demande de « mieux faire » n'étant pas tout à fait identiques à celles qui permettent de soulager le sujet souffrant, un paradigme spécifique est donc né. Il s'est servi sans vergogne aux rayons du supermarché des disciplines existantes (psychologie, sociologie...) sans se soucier des dogmes, mais a créé les siens propres en répondant hardiment aux demandes d'un marché avide.

Quoique la nature humaine soit portée à définir des catégories afin de comprendre, il n'est pas facile de proposer une typologie des coachs. L'approche de chaque coach est marquée par son origine professionnelle (manager, consultant, formateur, psychothérapeute), par son niveau d'intervention (personnes, cadres, dirigeants, équipes, organisations), et par ses orientations conceptuelles (psychanalyse, cognitivisme, systémie, théories humanistes), lesquelles déterminent les outils qu'il utilise. Certains coachs privilégient le présent, l'action immédiate et le futur, tandis que d'autres s'intéressent plutôt à l'histoire personnelle, aux valeurs de l'individu et à son fonctionnement. Aux méthodes orientées vers l'observable s'opposent celles qui favorisent les intuitions et le subjectif. Les grands systèmes de compréhension de la psyché et du collectif demeurent bien entendu en arrière-plan, mais comme atténués et entremêlés au sein d'une construction nouvelle : le coaching.

7. L'AVENIR

Il est clair que les psychothérapeutes et les spécialistes de la relation humaine ont laissé un riche héritage, qui permet d'aborder de façon productive les problèmes de la personne et de la relation. Nous disposons en effet d'un grand nombre d'outils, de nombreux concepts de formation, et d'une expérience considérable sur les aspects intra et inter-individuels. Cependant la demande professionnelle augmente au gré de l'évolution du monde industriel, c'est-à-dire très rapidement. De ce point de vue, les directions suivantes apparaissent les plus prometteuses :

– une approche plus collective, accordant une plus grande place au *coaching d'équipe* et au *coaching d'organisations* ;

– la prise en compte de l'internationalisation des marchés et des entreprises, qui invite au développement du *coaching interculturel* ;

– la prise en compte des situations à fort enjeu en termes de survie financière ou de taille des projets, qui suscitent, en arrière-plan, une demande accrue pour le coaching « de gros temps » et « en mer inconnue ».

On peut imaginer, notamment, que l'entrée de la Chine et de l'Inde sur la scène industrielle mondiale modifiera profondément la donne dans les deux prochaines décennies. Les outils actuellement utilisés par les coachs occidentaux, qui datent pour la plupart des années 1960, sont en effet fortement marqués par une culture « Côte Ouest » des États-Unis. Or celle-ci se révèle inefficace dans les contextes impliquant des relations avec les pays d'Asie dont les modes de pensée et d'action sont différents.

Par ailleurs, le développement rapide de la notion de « manager-coach », c'est-à-dire l'incorporation de méthodes relevant du coaching dans le management, interpelle vivement la déontologie et l'éthique. En effet, tout coach (on y reviendra) doit se soumettre à une supervision ; mais le « manager-coach » est-il susceptible d'adopter une telle démarche ?

Enfin, du côté de la demande individuelle, le *coaching personnel* se heurte à la constellation des psychothérapies et à la myriade d'offres de développement personnel. Le problème actuel réside dans la communication et la définition d'un espace d'intervention compréhensible par le public. Toutefois, des questions se poseront inévitablement dans le futur sur les liens entre santé publique et interventions proches de celles que fournissent les professionnels du soin. Les débats sur la réglementation de la psychothérapie risquent alors de reprendre pour le coaching personnel…

Ces perspectives d'évolutions permettent de prévoir une remise en cause profonde des concepts actuels, mais aussi l'ouverture de nouvelles opportunités pour les coachs récemment formés. La communauté des coachs dans son ensemble sera en effet confrontée à l'acquisition de compétences sur les dynamiques groupales, sur la différence culturelle et sur la souffrance au travail dans les situations de contrainte d'objectif, chacun de ces trois domaines comportant ses exigences propres en termes de formation.

8. Contenu de l'ouvrage

Nous délimiterons tout d'abord les rôles du coach et son champ d'activité (chapitre 1), avant d'examiner les caractéristiques du marché (chapitre 2). Nous nous intéresserons ensuite aux racines conceptuelles du coaching (chapitre 3). Puis nous décrirons la méthodologie du coaching (chapitre 4), avant de survoler les outils disponibles (chapitre 5).

Un chapitre sera consacré aux difficultés particulières posées par la relation coach/coaché (chapitre 6), suite à quoi nous interrogerons les méthodes de formation et la question de la supervision (chapitre 7). Le dernier chapitre (chapitre 8) portera sur le coaching d'équipe, et la conclusion s'attardera sur les perspectives d'avenir.

De nombreux ouvrages très documentés et des synthèses parfaitement claires existant déjà sur les outils, il ne nous a pas paru utile de les décrire dans le détail. Par contre, nous avons insisté sur les domaines qui n'ont pas encore fait l'objet de réflexions ou de synthèses : ainsi la place accordée au coaching d'équipe, au coaching interculturel et aux interventions du coach est-elle élargie.

1

LE RÔLE DU COACH

> « Si d'un coup le faucon brise le corps de sa proie,
> c'est qu'il frappe au moment voulu. »
> Sun Tzu, *L'Art de la guerre,* v. 500
> (Traduction française : Paris, Flammarion, 1963)

Comment situer le champ du *coaching* par rapport à ceux de la *formation*, de la *thérapie*, du *conseil*, du *mentorat*, et du *management éclairé* ? On peut tenter de différencier la demande et dire, par exemple, que la psychothérapie concerne une personne exprimant une souffrance, tandis que le coaching s'adresse à celui qui « veut faire mieux ». Cette délimitation est toutefois insuffisante, puisque le thérapeute, lui aussi, saura aider la personne à franchir les obstacles… Une analogie permettra sans doute de mieux cerner les différences entre ces domaines.

> Le coaché est une personne qui veut atteindre le sommet d'une montagne. Toutefois, il se rend compte qu'il devra faire face à diverses difficultés – le vertige, la fatigue, et surtout cette falaise à pic de 300 mètres –, et cette perspective entame sa détermination. Pour atteindre son objectif, il peut s'adresser à un moniteur d'escalade (un formateur), un guide (un conseil), s'insérer dans une cordée dirigée par un montagnard aguerri (un manager-coach), en discuter avec un alpiniste célèbre (un mentor), solliciter l'aide d'un psychologue formé aux TCC (thérapies comportementales et cognitives) pour surmonter sa phobie, consulter un psychiatre dans le but de se faire prescrire des médicaments contre l'angoisse (un thérapeute objectiviste), ou bien un psychanalyste afin de se demander pourquoi il veut grimper sur ce sommet malgré sa peur (un thérapeute subjectiviste).
> Avec le professeur d'escalade, il aurait appris une technique pour résoudre chacun de ses problèmes : par exemple, passer cette falaise à pic de 300 mètres. Certains formateurs l'auraient initié aux pitons et aux cordes, tandis que d'autres lui auraient enseigné une approche plus libre, mais plus risquée. Le guide aurait quant à lui jugé de son niveau, puis aurait dit : « C'est par là. » Mais peut-être notre coaché aurait-il été déçu de passer par les alpages plutôt que d'affronter la fameuse falaise à pic… Le chef de la cordée ne se serait pas beaucoup intéressé au coaché, car il aurait eu hâte de parvenir au sommet : il se serait plaint de sa

lenteur, mais aurait délivré parfois un avis utile. L'alpiniste célèbre, pour sa part, aurait décrit la Montagne, sa grandeur, la joie de se dépasser en défiant la Nature, et lui aurait enseigné l'humilité nécessaire pour se permettre ce défi. Le médecin aurait prescrit non seulement un produit contre le vertige, mais également un anxiolytique et, pourquoi pas, un bouquet de vitamines. Et, au terme d'une longue psychanalyse, le coaché aurait finalement découvert que le massif rocheux est une métaphore de la puissance paternelle qu'il n'ose affronter.

Finalement, notre alpiniste demandera à un coach de l'accompagner, espérant de lui une aide qui lui permettra de trouver en lui-même les solutions qui s'imposent.

Le coach pose des questions et écoute, avec pour ligne directrice la conviction que la seule connaissance utile est celle que l'on découvre soi-même. Il sait que l'effet de sa parole est bien moindre que celui de la pensée créative du coaché qu'il doit savoir susciter. En définitive, son rôle est d'*accompagner* l'individu dans son changement d'une situation à une autre. Pour reprendre notre analogie montagnarde, *accompagner*, ce n'est pas porter, ni mener : c'est marcher à côté.

1. La terminologie du coaching

Le vocabulaire courant propose puis stabilise une terminologie qui colore ensuite le métier. À l'origine, il y avait un coach et un *champion*, terme qui est toujours utilisé dans nombre de cabinets anglo-saxons. Alors que les psychothérapeutes parlent de patients qu'ils reçoivent au cours de séances, les coachs parlent plutôt de *coachés* ou de *clients*, rencontrés au cours d'*entretiens* ou d'*ateliers* qui sont « *indoors* » ou « *outdoors* », selon le lieu où se déroule la prestation (l'entreprise ou le cabinet du coach).

Le mot « coach » est de genre masculin, et il n'y a pas eu de tentative pour créer un correspondant féminin (comme « professeure », par exemple) ; au demeurant, la langue française fourmille de mots qui, à l'inverse, n'ont pas d'homologue dans le genre opposé (comme « sentinelle », ou « vigie »).

Un autre acteur important est le *prescripteur*, c'est-à-dire la personne ou l'entité qui décide et paie le coaching. Dans le monde industriel, hormis le cas des dirigeants, il est rare que la demande émane du seul coaché. Bien souvent, il s'agit de résoudre un problème ponctuel ; dans d'autres cas le coaching entre dans le cadre d'une campagne menée par la direction des ressources humaines ; il peut encore faire partie du plan d'ensemble d'une opération plus vaste, comme une fusion ou une acquisition.

2. Définitions, distinctions

En France, la définition des rôles du coaching varie selon les auteurs. On note toutefois des axes récurrents, qui donnent une idée de la manière typiquement hexagonale de concevoir les rapports de l'homme et de l'entreprise (Moral, 2004) :

- permettre l'atteinte des objectifs ;
- donner du sens à l'action ;
- libérer le potentiel ;
- contourner les obstacles ;
- responsabiliser ;
- renforcer l'affirmation de soi.

Les problématiques rencontrées en France gravitent donc principalement autour du rôle et de la légitimité du manager, ainsi que des avaries relationnelles. Dans les cultures anglo-saxonnes, moins orientées vers la relation, plus égalitaires, sereines et inductives, le coaching est autrement plus pragmatique : il colle au plus près des problématiques actuelles, et particulièrement de la question de l'*adaptabilité* dans un monde dont le rythme de changement s'est accéléré. Les cultures asiatiques ont quant à elles une vision du coaching très différente de celle des Occidentaux.

2.1 Coaching et formation

Si le coaching comporte parfois une part de formation, il s'en distingue néanmoins. Pour poursuivre notre analogie montagnarde, former repose plutôt sur une approche de type « *push* » – pousser, inciter à grimper –, alors que le coaching s'inscrit dans une démarche de type « *pull* » – tirer, susciter l'envie de gravir. Le coach travaille en effet sur la prise de conscience et le développement des qualités innées du coaché, tandis que le formateur vise à apporter de nouvelles connaissances pour combler une lacune ou parfaire un savoir.

En outre le coach n'est pas un expert, comme l'est le conseil, et dans la plupart des situations sa connaissance du domaine dans lequel agit le coaché est mesurée. Son rôle n'est pas d'apporter des informations supplémentaires ni d'indiquer une manière de faire ou d'être, mais de maximiser le potentiel humain. L'efficacité du coaching repose non pas sur un transfert de savoir, mais sur un processus de co-construction, une façon de réfléchir ensemble au problème de l'un en prenant appui sur l'expertise de l'autre.

> La formation aux techniques de management passe par une combinaison de transfert de connaissances et d'exercices de sensibilisation, tels que des jeux de rôle, ou le fameux jeu de la tour qui consiste à mettre en concurrence plusieurs équipes de stagiaires pour construire un édifice en bristol avec pour matériel des ciseaux et une agrafeuse. Quoi qu'il y ait une prise de conscience, parfois forte, au cours de tels apprentissages, il ne s'agit pas de coaching, ce dernier ayant pour point de départ la demande du coaché et non un programme fixé à l'avance.

2.2 Coaching et psychothérapie

Le coach n'est pas non plus un psychothérapeute. Sa démarche n'a pas pour objet de panser une blessure personnelle, ni de remonter dans le passé d'un individu, ni même d'analyser les arcanes de la psychologie humaine. Le coach laisse le soin au coaché de tirer d'éventuels enseignements personnels : il se contente de l'aider à progresser vers les objectifs fixés.

Le coach n'est pas un ami. Il s'agit avant tout d'un professionnel ayant lui-même une solide expérience du monde de l'entreprise ainsi que des dispositions particulières pour l'écoute et l'observation, et qui se concentre uniquement sur sa tâche de coach.

> *Exemple*
> Adrien joue au golf et a pour objectif de gagner la coupe régionale. Alors qu'il est jeune et robuste, son drive n'atteint que 180 mètres. Il s'adresse à un coach pour résoudre ce problème. Après quelques entretiens, la balle rebondit à 220 mètres sans problèmes. Mais il rencontre une autre difficulté : chaque fois qu'il est proche d'une victoire, il se tend et perd toute aisance, ses coups deviennent étriqués et il perd à ce moment l'avantage. Il retourne alors voir son coach.

Dans cet exemple, Adrien a bien un objectif. Celui-ci ne peut être atteint qu'en résolvant un premier problème : *libérer son potentiel*. Ses performances sont en effet bien en dessous de celles d'un homme de son âge et de sa constitution. Mais un second problème émerge lorsque le premier est résolu : l'*inhibition*, qui entre dans la catégorie des *obstacles* qu'il faut contourner ou dépasser. Dans les deux cas, il s'agit du positionnement d'Adrien par rapport au succès – sa peur de gagner –, ou à l'échec – sa peur de perdre. Alors que le coach se contente de résoudre le problème, le thérapeute explorera les racines des difficultés qui renvoient la personne vers des questionnements intimes.

D'autres différences existent encore entre thérapie et coaching. Ce dernier passe en effet par un *contrat* qui précise les résultats à atteindre alors que, hormis les thérapies comportementales et cognitives, les processus de soin ne se donnent qu'une obligation de moyens. Enfin, le coaching professionnel se concentre sur des problématiques liées, pour l'essentiel, au domaine du travail. Par nature, le coaching personnel doit aller plus loin ; cependant le champ de l'intime y est par principe exclu.

3. Coaching, sens et signification

De nombreux auteurs assimilent le coaching à un processus permettant au coaché de conférer un *sens* à son action. Le mot « sens » donne lieu à d'innombrables définitions qui en omettent parfois la dimension sociologique. La « crise du sens », évoquée dans l'introduction, signe le passage du « on » (« *On* est prêt à mourir pour sa patrie », « *On* ne rompt pas les liens sacrés du mariage ») au « je », c'est-à-dire d'une vision collective à une vision individuelle du sens. Les grands systèmes de sens, tout comme la culture, fournissent des réponses que l'individu postmoderne (Lipovetsky, 1987) doit trouver en lui-même. Ce qui, compte tenu des réalités du monde actuel, est parfois difficile.

La *signification* est une notion distincte, issue de la linguistique et reprise par le courant cognitiviste, qui l'a définie comme l'ensemble des remaniements mentaux du réel tels que les représentations, les catégorisations et l'attribution de sens. Jean-François le Ny en donne la définition suivante : « Tout événement qui se produit dans l'intellect de l'individu. »

Le groupe d'appartenance fixe des *ensembles de significations* qui prédéterminent les attitudes et les comportements. Certains de ces ensembles sont fugaces, telles les modes, tandis que d'autres, les « briques culturelles » en quelque sorte, sont non seulement permanents mais transmissibles et transformables. La culture, qui assemble ces briques en une construction cohérente, est donc à la fois un patrimoine de valeurs et un processus créatif.

Or, dans le monde occidental moderne, l'appartenance simultanée à plusieurs sous-groupes culturels peut conduire à une discordance. Il est facile, ainsi, de relever des exemples individuels ou collectifs d'attitudes contradictoires entre une idéologie généreuse (écologiste par exemple), une réalité dont la logique est opposée (travailler pour une entreprise polluante) et un environnement familial ambigu (les « ados » de la famille polluent et gaspillent sans qu'il soit possible de leur faire entendre raison). De tels déchirements ne peuvent se réconcilier que par une priorité accordée aux objectifs individuels. Toutefois la mise en cohérence des différents champs d'intervention de la personne est beaucoup plus difficile qu'il n'y paraît… Elle constitue, précisément, l'une des finalités du coaching.

4. Les domaines d'intervention

Dans le coaching professionnel, le *coaché* se présente selon des formes diverses (employé, manager, dirigeant, équipe, organisation), et formule des demandes elles-mêmes variées, portant aussi bien sur la performance que sur les relations ou le fonctionnement collectif.

On fait généralement une première distinction entre *coaching individuel* et *coaching d'équipe*.

Le coaching individuel est une prestation où le dispositif spatial est un face-à-face entre le coach et le coaché qui se présente seul. Le travail peut porter sur les problèmes de la *personne* elle-même, par exemple une inhibition face à une tâche, ou sur les *relations* du coaché, par exemple une rébellion face à une autorité comme le PDG ou un audit.

Au niveau de la *personne*, plusieurs catégories de difficultés peuvent donc faire l'objet d'un travail : on distingue de ce point de vue la *résolution* d'un problème et le *développement* dans un contexte exigeant, par exemple une situation ayant un fort enjeu. Au niveau de la *relation*, le coach peut intervenir afin d'élucider un conflit récurrent ou un dysfonctionnement entre les membres d'une équipe. Un manager peut ainsi demander l'aide d'un coach lors d'un changement de responsabilités tel qu'une *prise de poste*, ou bien parce qu'il rencontre une situation difficile avec un subordonné, ou encore parce qu'il cherche un *accompagnement* visant à améliorer le fonctionnement ou les performances de l'unité qu'il dirige.

Parmi les managers, la catégorie particulière des *dirigeants*, c'est-à-dire ceux qui ont un pouvoir de décision en propre et non une parcelle des missions reçue de leur supérieur hiérarchique, offre un champ de problématiques spécifiques ; nous y reviendrons plus loin.

Au niveau de l'*équipe*, plusieurs catégories de problèmes peuvent relever du coaching. Les auteurs s'accordent sur le fait que la motivation initiale s'obtient par un processus spécifique, le « *team building* », tandis que la coaching a pour objet de travailler deux domaines : d'une part la *cohésion*, comparable à la confiance en soi pour un individu, d'autre part la *performance*, c'est-à-dire la capacité à atteindre les objectifs. Le coach d'équipe travaillera sur les modes opératoires collectifs et sur les processus de décision.

Dans le coaching personnel, la situation la plus fréquente demeure la *résolution* d'un problème ponctuel, comme par exemple une importante décision de vie.

5. Le coach est-il un gourou ?

Les grands systèmes de sens étant en faillite, l'individu doit désormais construire lui-même un ensemble de valeurs qui ordonne son existence. Le succès des psychothérapies tient en partie à cette quête de sens et certaines demandes de coaching relèvent de cette même logique, quoique l'expérience semble démontrer qu'il s'agit de situations minoritaires.

Cependant, comme tout processus de changement personnel, le coaching répond à une demande de la part du coaché, ce qui instaure une relation particulière entre les deux acteurs. Cette relation est de nature paradoxale, puisque l'un accepte pendant un temps de dépendre de l'autre en vue d'acquérir *in fine* une plus grande autonomie. Un coach qui ne serait pas passé par un travail approfondi sur lui-même peut alors céder à son propre désir (désir d'emprise, désir de réparation, pulsion voyeuriste…) et jouir de la dépendance du coaché prisonnier d'une relation de domination perverse, le plus souvent inconsciente.

Le coach doit absolument éviter cet écueil en se soumettant à une *supervision*, qui consiste en un examen de sa propre pratique par un pair expérimenté capable de mettre au jour les problèmes latents. L'expérience montre que le coach qui pratique ce métier afin de satisfaire ses inclinations les plus troubles évite d'évoquer sa pratique avec un tiers : aussi est-il très important pour le coaché et le prescripteur de savoir si le coach est supervisé, et par qui.

6. Le coaching est-il un processus d'influence ?

Cette question est débattue depuis longtemps au sein du cercle des professionnels du soin à propos de la psychothérapie. À une extrémité du spectre des réponses, Tobie Nathan (1994) pense que tout processus de changement s'appuie sur l'influence. Les psychanalystes, quant à eux, ont une position totalement inverse. Les systémiciens et cognitivistes se rangeraient plutôt du côté du premier, alors que les humanistes pencheraient pour l'opinion des seconds.

Si la question de l'influence et de la communication persuasive est abordée de front par les psychothérapeutes et les psychologues sociaux depuis l'école de Yale, elle est taboue au sein de la communauté de coachs. De récentes recherches (Beauvois et Joule, 2000) montrent que la persuasion comporte une part de technique ; toutefois, toutes les études mettent en évidence qu'un changement durable des *attitudes* (terme issu de la psychologie sociale), des *représentations* (terme issu du cognitivisme) ou des croyances ou convictions, ne peut être obtenu que si la personne le demande : un coaching prescrit à une personne qui n'est pas en situation de demande a toutes chances de ne pas aboutir.

7. Le coaching et la question « pourquoi ? »

> Au début de l'un des entretiens de coaching, Adrien dit au coach : « Vous savez, je vous ai bien observé, et je peux vous dire que le mot que vous prononcez le plus souvent est : *pourquoi* ? Ce qui me frappe maintenant est que j'ai peu à peu pris l'habitude de me poser cette question à propos de tout et de rien, et que cela me permet de résoudre bien des problèmes. »

Chaque spécialiste du coaching a une idée bien précise sur ce mot *pourquoi*. Pour les uns (Rosinski, 2003), il signe la frontière entre la psychothérapie et le coaching, ce dernier se devant d'utiliser plutôt les mots *quoi* et *comment*. Pour d'autres (Délivré, 2002), c'est le mot magique, l'essence même du processus. Le mot de *pourquoi* est lié à la notion épistémologique de *niveau d'explication*. Toute réponse au « *pourquoi ?* » alimente la question suivante, et creuse plus profond dans le domaine personnel du coaché.

Adrien s'étonne de son inimitié profonde pour l'un de ses pairs, un certain Paul.
« Pourquoi donc vous agace-t-il à ce point ? demande le coach.
– Il est mielleux, fourbe, manœuvrier, il cherche à me nuire, répond Adrien.
– Pourquoi donc pensez-vous qu'il vous déteste ?
– Je ne sais pas, il est sans doute envieux de mes succès, je réussis tous mes projets.
– Mais pourquoi serait-il envieux de vos succès ? Échoue-t-il plus souvent que vous ?
– À vrai dire, non. Je ne sais vraiment pas ce qui provoque cette animosité. Parfois, en comité de direction, il ne dit pas un seul mot et je bous intérieurement.
– Pourquoi ?
– Il me rappelle mon frère. »

Cet exemple montre bien qu'en utilisant une remontée de l'explication par le jeu des « pourquoi », le coach atteindra rapidement la frontière entre professionnel et personnel, et par conséquent entre coaching et thérapie. Dans quelle mesure se le permettra-t-il ? Cela dépendra de la référence conceptuelle du coach qui, le plus souvent, la précisera au coaché et au prescripteur ; les coachs ayant une formation psychanalytique privilégieront ainsi un travail sur le préconscient.

Enfin, il est important de savoir que si le mot *pourquoi* est efficace dans le contexte culturel occidental, il a beaucoup moins d'effet auprès des Asiatiques, par exemple. Les recherches menées par Richard Nisbett (2003) ont ainsi mis en évidence que la recherche de causes et de raisons, qui est l'un des principaux moteurs de la thérapie et du coaching en Occident, demeure culturellement marquée et est difficilement transposable à d'autres visions du monde.

8. Le manager-coach et la différence entre coaching et management

L'idée de pratiquer le management en utilisant des techniques issues du coaching se développe rapidement dans les entreprises. Alors que les jeunes diplômés deviennent de plus en plus exigeants avec leurs managers, les employeurs demandent à la structure une efficacité accrue. Or, la discipline ne suffisant plus comme moteur de la performance, il devient nécessaire de puiser dans le réservoir de la motivation. Le management intermédiaire se retrouve ainsi en charge de mobiliser et de faire adhérer à un objectif commun des personnes dont l'individualisme les pousse, au contraire, à prendre de la distance par rapport au travail.

Afin de résoudre cette difficile équation, la solution imaginée par les entreprises est de permettre aux managers d'acquérir une compétence de coach, ou tout au moins des attitudes ou des outils modifiant la relation aux subordonnés. Cette approche a été formalisée par quelques cabinets à travers la notion de *manager coach*, concept qui fait l'objet de nombreuses discussions au sein de la communauté des coachs. Même si les réflexions sur ce thème ne font que commencer, le concept de manager-coach donne déjà lieu à une littérature abondante et, quoique vivement discuté, il répond indiscutablement à l'émergence d'aspirations nouvelles de la part des entreprises.

Un manager-coach devra changer sa façon de travailler avec ses collaborateurs et ses équipes. Il devra modifier son niveau d'écoute, et s'interroger un peu plus sur ce qu'il ressent, au lieu de s'intéresser uniquement aux contenus, processus ou visions stratégiques. Il lui faudra notamment comprendre lesquels de ses comportements induisent quels effets chez un autre ou sur un groupe.

Le manager peut également développer les compétences de ses collaborateurs en utilisant le même dispositif qu'un coach : une série d'entretiens d'une heure, avec les mêmes règles de confidentialité et de respect, en suivant des grilles d'analyse simples. Une telle approche implique que le manager acquière quelques éléments sur le fonctionnement psychologique.

> Le *feed-back* est une technique novatrice qui consiste en la restitution par le manager de ses « ressentis » (néologisme très utilisé au sein de la communauté des coachs) au cours d'un entretien. Les réactions des collaborateurs à un tel *feed-back* s'étendent selon un spectre allant d'une totale acceptation jusqu'à un déni total, en passant par diverses manifestations de désaccord, de colère, de surprise ou de confusion. De telles réactions permettent d'engager une forme de communication plus enrichissante.

Si le concept de manager-coach est séduisant, il soulève cependant plusieurs problèmes.

En premier lieu, l'efficacité du travail de coaching tient principalement à la position de tiers neutre occupée par le coach. Or, le manager est, de par sa fonction, obligatoirement en position de juge et partie.

En second lieu, il est évident que toutes les situations de management ne permettent pas au manager d'adopter une attitude de coach. On peut en effet identifier des catégories de circonstances favorables, telles que la résolution d'un conflit par le *feed-back*, une demande du collaborateur à l'occasion, par exemple, de l'entretien annuel, ou un soutien sur une situation à fort enjeu comme une prise de poste ou le démarrage d'un projet. De manière générale, l'entrée dans un nouveau domaine d'activité et le développement de compétences nouvelles permettent une approche de type coaching. Dans le cas d'équipes, les extensions, fusions et changements de mission sont appropriés. Mais il est clair que certaines situations ne permettent absolument pas une approche de type coaching : en particulier la rébellion, la faute, la tricherie, les conflits d'objectifs ou d'intérêts, ainsi que l'approche de problèmes de nature psychologique, par exemple le manque de confiance en soi. De même, si le problème est un différend entre le collaborateur et l'un de ses pairs, le manager est en situation d'arbitrage et ne peut adopter une posture de coach.

> *Exemple*
> Le collaborateur travaille trop, alors que dans le même temps la demande du manager est forte car les affaires vont mal et l'effort de tous est nécessaire. Une dispute éclate entre les membres de l'équipe quant à l'exécution urgente d'une tâche.

En troisième lieu, si le coach doit passer par une formation astreignante et se soumettre à une supervision afin d'éviter la dérive de ses désirs (nous l'avons déjà évoqué, et nous y reviendrons), qu'en est-il du manager ? Celui-ci doit-il chercher un superviseur ?

Enfin, est-ce le rôle du manager d'apporter ce que devrait proposer un service de formation ? Développer les compétences, par exemple, n'est pas normalement la mission principale du manager, qui est plutôt d'animer une équipe en vue d'atteindre un objectif de chiffre d'affaire, de production de services internes ou de fabrication de biens.

Ces questions méritent que l'on se penche un instant sur les spécificités du statut de manager, afin de percevoir de manière plus précise ses concordances ou ses dissonances éventuelles avec celui de coach. Tout d'abord, on peut distinguer trois dimensions du rôle du manager.

– Le *positionnement affectif* du manager vis-à-vis de son équipe, de ses pairs, et de ses supérieurs. Coach, il est trop proche de ses subordonnés ; pur manager, il perd sa neutralité.

– Les *responsabilités* du manager, qui sont de relayer les objectifs venus du niveau de management supérieur et d'assurer un haut niveau de motivation de chacun dans l'exécution des missions.

– Le *leadership* du manager, qui doit veiller à la cohésion de son équipe et à sa performance en tant que groupe.

Selon la culture de l'entreprise et ses processus, ces dimensions s'exprimeront de manière différente, et le rôle de manager-coach sera plus ou moins adapté. Si l'on se réfère, par exemple, à la typologie de Pugh et Hickson (1976), les organisations se classent selon le modèle suivant :

	Relation au pouvoir plutôt conviviale	Relation au pouvoir plutôt respectueuse
Approche sereine de l'imprévu et grande part laissée à l'improvisation	**Marché de village**	**Famille**
Approche anxieuse de l'imprévu et grande part laissée aux procédures	**Machine bien huilée**	**Pyramide**

Il est clair que le manager-coach n'a pas sa place dans une *machine bien huilée*, ni dans une *pyramide* parfaite. Ce sont plutôt dans les environnements qui favorisent l'initiative et la personne que le concept peut trouver un écho. Toutefois, dans une *famille*, la démagogie est rampante, et le concept la sert trop bien ; il n'y a guère que dans les *marchés de village* que l'on peut donc concevoir un manager-coach.

On notera que les typologies des organisations sont nombreuses, et que le concept de manager-coach peut être aisément confronté à d'autres modèles classificatoires. Mais, quoi qu'il en soit, il se confirme très clairement qu'il n'est pas adapté à toutes les situations d'entreprise.

9. Le coaching interne

Une autre tendance forte est la mise en place de services de coaching interne au sein des entreprises, le plus souvent rattachés au service du personnel ou à une fonction dite de « développement du management », dont la mission est de sélectionner et former les managers.

Le coach interne a la caractéristique, qui est parfois un avantage mais pas toujours, d'être familier avec la culture et l'environnement de l'entreprise. Cela représente objectivement un gain de productivité, car le coach n'a pas à faire l'effort d'imprégnation initial sur l'environnement du coaché. Mais l'intégration dans l'entreprise peut aussi bien rendre le coach aveugle : « Le poisson ne sait qu'il vit dans l'eau que lorsqu'on l'en sort »... Par ailleurs, l'existence, dans le passé, le présent ou le futur, d'un lien hiérarchique ou paritaire entre les deux interlocuteurs trouble la limpidité de la relation.

10. Le point de vue des clients

La définition des domaines d'application du coaching donnée par les coachs est importante, mais plus cruciale encore est sans doute celle donnée par les clients. À ce sujet, deux enquêtes permettent de donner un éclairage sur le point de vue des entreprises.

La première est une enquête périodique organisée par le syndicat professionnel des cabinets de coachs (Syntec – Conseils en évolution professionnelle). Elle a été menée en 2001 et 2004 auprès de 265 sociétés clientes. De cette enquête résulte une photographie des situations jugées les plus pertinentes pour un coaching, du point de vue des entreprises (chiffres de 2004) : amélioration du leadership : 81 % ; amélioration du fonctionnement en équipe : 64 % ; prise de poste : 50 % ; accompagnement sur un enjeu fort : 54 % (46 % en 2001). La variation entre 2001 et 2004 montre que le renforcement des capacités managériales dans les situations à fort enjeu, bondissant de 40 % entre les deux enquêtes, est clairement ce qui est recherché en priorité, au détriment du développement personnel (qui passe de 42 % à 30 %) et de l'amélioration des comportements (de 21 % à 9 %).

La seconde enquête, menée en 2004 par Annick Richet auprès des coachs internes de 17 grands groupes, est qualitative. Elle montre que très peu d'entreprises utilisent le coaching comme un élément du développement professionnel, mais plutôt comme une solution à des problèmes ponctuels rencontrés au cours de la carrière. Peu s'intéressent aux méthodes ou aux conditions contractuelles, mais toutes exigent le respect strict d'une déontologie et la supervision par un professionnel confirmé.

Les échanges entre pairs au sein des principales associations de coachs (Association européenne de coaching, Société française de coaching et

International Coaching Federation) mettent en évidence le fait que la sélection des coachs s'appuie sur des critères de plus en plus précis, dont :

– la maîtrise des outils, de préférence connus et pragmatiques, quelle que soit la référence théorique ;

– le respect strict d'une déontologie et l'existence d'une supervision ;

– la compréhension et, si possible, l'expérience de la vie en entreprise ;

– des qualités humaines ou des valeurs en harmonie avec la culture de l'entreprise, que le coach aurait comme mission implicite de renforcer ;

– l'appartenance à une organisation professionnelle reconnue.

L'abondance d'ouvrages et d'articles sur le métier et les techniques du coaching élève le niveau de compréhension des prescripteurs, mais également leur exigence, ce qui oblige les coachs à sans cesse perfectionner leurs compétences. Par ailleurs, les entreprises s'orientent de plus en plus vers les approches objectives et mesurables offertes par les diverses disciplines des sciences humaines.

2

LE MÉTIER DE COACH

Lorsque votre fils de trois ans tente de mettre ses doigts dans la prise de courant, vous n'hésitez pas une seconde à élever le ton. Alors pourquoi êtes-vous paralysé lorsque votre directeur technique s'apprête à faire une grosse bêtise ?

1. LE MARCHÉ DU COACHING

Les groupements professionnels de coachs estiment le nombre de coachs formés à environ 3 000 en 2003 en France. Environ 600 exerceraient à plein temps, et un quart auraient un diplôme de psychologue clinicien ou de psychologue du travail.

Cette population est en très forte progression, puisque les organismes professionnels (universités et instituts non universitaires) assurent chaque année un enseignement initial d'environ douze mois pour 300 à 400 personnes, sous la forme de sessions mensuelles de deux ou trois jours ; au-delà de cette première formation, l'acquisition de connaissances et de compétences se fait par la pratique et l'approfondissement de certaines disciplines ou techniques. Cependant, il existe maintenant des cycles d'approfondissement, en particulier à l'université, assurant une continuité pédagogique et conceptuelle.

Les organismes professionnels de formation utilisent presque tous un processus de qualification comportant plusieurs degrés, les niveaux les plus élevés, « master » ou « expert », exigeant de démontrer une expérience et une maîtrise du métier. Bien entendu, les mécanismes corporatistes que connaissent bien les sociologues jouent, et, si le premier niveau de qualification est facilement atteint, l'entrée dans le cercle plus restreint de ceux qui tiennent le marché est beaucoup plus difficile et ancre profondément le candidat dans la référence théorique de l'organisme. L'arrivée de l'université, qui applique des critères initiaux de sélection plus généraux et dont l'approche est pluraliste, est évidemment bienvenue dans cet environnement.

En même temps que les personnes désirant devenir coach, les organismes de formation reçoivent un nombre croissant de demandes émanant de responsables des ressources humaines ou de managers qui souhaitent, pour eux-mêmes ou pour mieux exercer leur métier, acquérir une compréhension des mécanismes du coaching. Par ailleurs, les nombreuses entreprises qui ont inclus le coaching comme un de leurs métiers internes forment leurs propres équipes de coachs, et parfois même leurs propres superviseurs – ce qui est éthiquement et déontologiquement contestable. Enfin, de nombreux programmes de formation interne entretiennent la confusion entre coaching et management, faute d'un message structuré relatif à la différence entre ces deux fonctions. En conséquence, au-delà de tous ceux qui ont l'ambition d'exercer le métier de coach, nombreux sont ceux qui passent par une formation de coach afin d'acquérir une compréhension du processus ou des techniques. Il faut noter que ce phénomène est nouveau et que rares sont les managers ou directeurs des ressources humaines qui reçoivent une formation de médecin ou de psychologue au cours de leur carrière professionnelle. Cette entrée dans la *relation d'aide*, perçue comme trop inaccessible par ailleurs, en raison des critères de sélection ou de la durée des études, est peut-être une des raisons du succès des formations de coaching offertes par l'université.

Au niveau international, les grands groupements de coachs notent que les managers ou les dirigeants qui prennent leur retraite nourrissent de plus en plus souvent le projet de devenir coach de dirigeant. La génération d'après-guerre, riche de talents, devient en effet disponible sur ce marché au terme de carrières souvent passionnantes.

On peut donc prédire que le nombre des personnes ayant une connaissance de ce qu'est le coaching explosera dans les années à venir, et qu'en conséquence le niveau d'exigence de la demande augmentera de façon significative. Une formation superficielle et une bonne intuition ne suffiront plus et les diplômes acquis par ailleurs, ainsi que l'expérience acquise en entreprise, deviendront des critères déterminants lors de la sélection d'un coach.

2. Un métier marchand

L'activité de coach est une activité marchande : le coach vend un service. Il est dès lors nécessaire de l'organiser comme un *projet*, en commençant par la définition des objectifs, puis la mise au point de la stratégie adoptée, et enfin le développement d'un plan d'action comprenant le marketing (cible sectorielle, communication et promotion), les actes de vente (propositions de service, contrats, facturation) et l'organisation de l'exécution (local, équipements). Il ne suffit pas de mettre une plaque en laiton sur sa porte ; il faut aller vers le client, vendre, se vendre et bâtir une offre contractuelle. Par ailleurs, il n'existe pas, comme dans les métiers du soin, de prise en charge par des institutions spécialisées ou par un biais financier organisé par l'État. Un coaching n'est pas remboursé par la Sécurité sociale.

L'idée de bénévolat ou de gratuité, telle qu'elle est véhiculée par exemple par le projet de *coaching solidaire*, doit être pensée avec soin. Le processus de coaching repose en effet sur l'existence d'un *contrat formel* (voir chapitre 4) qui, habituellement, explicite l'échange entre coach et coaché sous forme financière : le coach reçoit une rémunération pour atteindre un résultat correspondant à la demande du coaché. Lorsque l'offre du coach est bénévole, le contrat doit alors porter sur les droits et devoirs de chacun et, en particulier pour le coaché, le respect du cadre. C'est à cette condition que le processus peut être qualifié de coaching, c'est-à-dire une relation d'aide sur la base d'un échange formalisé.

3. Les exigences éthiques

En outre, ce métier exige une *connaissance de soi* qui ne peut être acquise que par un travail personnel très approfondi. Il demande également de se soumettre à une *supervision* par un professionnel chevronné. L'exercice est en outre soumis à des règles de *déontologie* mettant en avant le respect de la personne. Enfin, le coach doit être en mesure de définir sa propre éthique.

> Un exercice particulièrement intéressant en formation consiste à proposer le cas suivant : un personnage peu recommandable emprunté à l'histoire ou à l'actualité (un dictateur par exemple) demande à être coaché afin de résoudre son inhibition à parler en public. Les étudiants doivent ensuite décider, de façon anonyme, s'ils acceptent ou non cette demande. L'expérience montre que les réponses se répartissent autour de 50 % de oui et 50 % de non. Cet exercice permet toujours une intéressante prise de conscience sur les enjeux de l'éthique.

4. Le coaching de manager

La grande majorité des demandes de coaching concerne des *managers intermédiaires*, c'est-à-dire des personnes qui reçoivent des objectifs et les redistribuent, mais qui n'ont qu'une autonomie limitée en termes d'organisation et de stratégie.

> *Exemple*
> Xavier, le directeur des ventes pour la région Provence-Alpes-Côte-d'Azur d'une très grande entreprise de distribution internationale, Sales World Group, reçoit un objectif de croissance du chiffre d'affaire de 10 %. Bien qu'ayant sous ses ordres 1 000 personnes, il ne peut changer ni les procédures administratives, ni les règles relatives aux dépenses, ni les critères de sélection de ses managers, ni les produits qu'il doit vendre ou leur prix, ni le modèle d'organisation, ni même sa secrétaire nommée par la direction des ressources humaines du groupe.

Qu'il soit en charge de trois personnes ou de plusieurs milliers, le manager intermédiaire a pour caractéristique de ne pas être complètement maître de son action. Il doit cependant distribuer des tâches, juger des résultats et gérer les réactions émotives que son arbitrage suscite. Prisonnier des contraintes qui lui sont imposées, il ne peut pas toujours appliquer la solution qui lui paraît la meilleure, mais seulement celle qui est possible compte tenu des règles auxquelles il est soumis. En conséquence, la première question que doit se poser le coach est celle des parts respectives de l'individu et de l'environnement dans le problème. L'approche systémique fournit une aide précieuse pour analyser ce questionnement. Lorsqu'il apparaît que le manager est lui-même au centre de la problématique, il est évidemment nécessaire de recourir à des outils portant sur l'individuel, sans perdre de vue les relations à l'environnement.

Avec le manager intermédiaire, le coach est dans un univers familier où la réalisation des désirs de la personne est soumise à de nombreuses limitations. Les problèmes le plus souvent rencontrés entrent dans les catégories suivantes :

1) Prise de poste sans prise de pouvoir : le manager, par exemple, n'arrive pas à diriger ses anciens collègues.

2) Style de management inadapté au style de l'équipe ou à la culture de l'entreprise.

3) Difficultés de communication si le manager est un autocrate peu porté à la concertation, ou une personnalité complexe qui est incompréhensible.

4) Organisation incohérente ou en difficulté qui sécrète un bouc émissaire, en l'occurrence le manager.

5. LE COACHING DE DIRIGEANT ET LE FEU DU POUVOIR

À l'inverse du manager intermédiaire, le *dirigeant* a toute latitude pour décider. Ce peut être le leader d'une petite équipe de stratèges au sein d'une immense multinationale, le président-directeur général d'une PME de 35 personnes dans le Vercors, ou le directeur d'une unité opérationnelle de 3 000 personnes dans une grande entreprise ; c'est, dans tous les cas, une personne qui a tout pouvoir pour définir ses objectifs, ses moyens et sa stratégie.

Exemple

Le principal concurrent de Sales World Group, une multinationale nommée Global Trades, a pour culture de donner une autonomie maximale à ses unités opérationnelles. Paul, le directeur du bureau de Lyon, n'a que 250 personnes sous ses ordres. Tenu d'atteindre les objectifs de croissance du revenu et du profit, il est libre d'organiser son unité comme bon lui semble, « comme si cela était sa propre entreprise ». Il peut donc organiser ses « troupes » comme il l'entend, écarter un subordonné qui ne donne pas satisfaction, changer les règles financières au sein de son unité s'il le juge nécessaire.

Le pouvoir permet de contrôler l'environnement et plus particulièrement l'autre à travers cet environnement, notamment par l'entremise de lois et de règlements. De façon ultime, le pouvoir permet de s'emparer des représentations d'autrui et même parfois de ses pensées. En outre, les liens entre pouvoir et savoir sont très étroits, puisque les comportements des subordonnés sont profondément modifiés lorsqu'ils sont observés par le détenteur du pouvoir.

« Le pouvoir corrompt, le pouvoir absolu corrompt absolument », dit l'adage (Lord Acton)... Indubitablement, le pouvoir change la personne. Les recherches montrent que les modifications sont de nature aussi bien physiologiques (production de neuromédiateurs ayant un effet tonique et un effet euphorisant, lesquels créent une accoutumance) que cognitives (construction d'une pseudo-réalité conforme au désir : image de soi déformée, attributions causales égocentriques, sentiment de perte de contact avec le réel). Des distorsions affectives peuvent en outre apparaître lorsque la réalité entre en conflit avec les valeurs de la personne.

> Tout comme celui qui est au volant dans une voiture, le dirigeant est rarement malade : il semble au contraire inépuisable. Par ailleurs, il se sent bien, laisser tomber sa décision comme une pierre lui procure à chaque fois un profond sentiment de bien-être. Alors qu'il n'attirait pas l'attention avant d'être dirigeant, il remarque que ses propos provoquent maintenant des commentaires positifs. Il est donc devenu intéressant, du moins le croit-il.
> Ses décisions changent la vie de beaucoup d'autres personnes, qui parfois en souffrent : il en ressent une vague culpabilité, qu'il chasse en considérant que le malheur de ces quelques-uns est nécessaire pour la survie du groupe qu'il dirige. Il y a bien quelque chose qui ne va pas, mais, de toute façon, il est loin de tout cela. Et puis, les conseillers du cabinet et le comité de direction disent tous que tout va bien et qu'il est aimé de ses employés, alors pourquoi chercher plus loin ?

Les rapports de la personne au pouvoir qu'elle exerce ou qu'elle subit sont ancrés dans la petite enfance, au cours de laquelle se forme un *système de croyance* (concept issu de la programmation neuro-linguistique, ou PNL), un paysage affectif (psychanalyse), des stratégies comportementales – révolte, soumission, coopération –, des *schémas* (cognitivisme) qui perdureront. Dans le cas du dirigeant, les schèmes de domination seront renforcés par les comportements de soumission parfois exagérés des subordonnés.

> *Exemple*
> Kathy vient d'être nommée à la tête de la partie européenne d'une compagnie mondiale et prend ses nouvelles fonctions à Paris. C'est une femme sportive et, au cours du premier comité de direction, elle évoque sa passion pour le tennis. Elle commet l'erreur de dire : « Un de mes amis m'a fait essayer la nouvelle raquette X, qui est vraiment très bien. » Au cours de la semaine elle reçoit cinq de ces raquettes de la part de cinq de ses directeurs, avec à chaque fois le même genre de petit mot : « Il se trouve que je connais personnellement le PDG (ou le directeur technique, ou le président…) de X, qui se fait un plaisir de vous offrir… » Kathy avait déjà acheté cette raquette et découvre que, dans son nouveau poste, il lui faut être prudente dans ses propos.

Outre une vie imprégnée de pouvoir jusqu'à saturation, le dirigeant possède toujours un sens aigu de l'humain. En se hissant au sommet, il a dû faire le deuil de la compétence technique et celui de sa familiarité avec un domaine d'activité au profit d'une nouvelle aptitude, celle de diriger, qui comporte une très forte orientation vers la relation humaine. Choisir les bonnes personnes, puis trouver avec elles le bon mode de travail, tel est l'essentiel de son métier. Il doit en outre faire le deuil de l'action immédiate au profit d'une attitude plus réfléchie et orientée vers une vision à long terme prenant en compte la complexité de son propre appareil productif face à celle de l'environnement.

Ces qualités peuvent déstabiliser le coach. En effet, il se trouve en face d'un coaché qui ne possède peut-être pas un savoir structuré sur l'humain, mais en a tout de même une connaissance profonde bâtie sur l'expérience. Si le dirigeant est parvenu à ce poste, c'est qu'il a jusqu'ici réussi ses choix humains, et qu'il en est conscient. Mais la puissance du dirigeant est à la fois sa force et sa faiblesse : les principales problématiques rencontrées sont en effet liées à l'utilisation du pouvoir dans un contexte où tout n'est pas soumis à ce pouvoir.

De plus, le dirigeant bénéficie d'un pouvoir dont le coach, dans sa position de coach, ne dispose pas, ou ne dispose plus. Cette situation soulève des problèmes d'ordre éthique, déontologique et méthodologique.

Les supervisions montrent que le pouvoir du dirigeant peut provoquer de l'*envie* ou une admiration excessive chez le coach ; ces réactions contre-transférentielles très caractéristiques sont toutefois moins marquées chez les coachs qui ont eux-mêmes été dirigeants. En contact avec le dirigeant, le coach doit se demander si le pouvoir que détient le coaché doit changer son approche, quels effets ce pouvoir a sur lui-même et sur le coaché, enfin quel pouvoir lui-même a sur le coaché.

Si la question de l'expérience du pouvoir par le coach de dirigeant est importante, c'est que ce pouvoir est l'essence même de la fonction de dirigeant, et, faute de cette expérience, le coach court le risque d'être incapable d'entrer dans le monde du coaché. Mais fort de cette expérience, le coach doit être clair avec ce que représente pour lui cette « drogue » : en est-il libéré, ou vit-il dans le regret ?

Par ailleurs, compte tenu de l'internationalisation des opérations industrielles, le coach de dirigeant ne peut plus se passer de solides notions sur l'interculturel, puisque son client sera en contact avec d'autres cultures et évoquera les problèmes que cela suscite.

Enfin, il faut prendre en compte le fait que le dirigeant ne représente pas seulement lui-même, mais pour partie l'entité qu'il dirige. Tous ses subordonnés servent aussi cette entité dont il doit endosser les objectifs, la culture et les défauts.

6. Coaching et international

La définition du coaching à travers le monde n'est pas uniforme, et dépend pour une grande part de la culture. En France, on parle volontiers d'« accompagnement du changement » et le manager intermédiaire est le client le plus typique, en particulier lors d'une prise de poste, d'une restructuration ou de l'engagement dans une situation difficile. Le surinvestissement du pouvoir, consistant à accorder au supérieur hiérarchique plus de droits que de devoirs, très marqué dans la culture française (Moral, 2004), influence considérablement le profil de la demande. Dans l'environnement international, les enjeux ne sont pas la souffrance ni les querelles de pouvoir, mais plutôt l'accélération de la nécessité de s'adapter rapidement ; il s'agit donc d'« apprendre à apprendre à changer ».

Hormis le problème de la différence culturelle que nous aborderons plus loin, l'internationalisation se caractérise par l'accélération du rythme des mutations. Celles-ci interviennent aujourd'hui sans le moindre répit. Les structures traditionnelles sont bouleversées en raison des distances, du mouvement permanent, des contraintes imprévues et des opportunités inopinées. Des cultures d'entreprise qui ont fonctionné en harmonie avec une culture géographique se trouvent soudain inadaptées, la croissance et l'internationalisation passant désormais par des acquisitions et des alliances au détriment de la création de filiales.

Pour les entreprises, le principal problème est donc de sans cesse adapter la culture interne aux contraintes rencontrées. Ces transformations sont difficiles, car elles touchent l'ensemble des ressources humaines ; si la formation de masse permet de transmettre une partie du message, l'essentiel ne peut passer que par le coaching à un niveau aussi bien individuel que collectif.

Exemple

La société X s'allie avec une entreprise canadienne dans le cadre d'accords complexes mêlant finances et savoir-faire. Plutôt paternaliste, la direction de X avait organisé depuis l'origine un système de management de type népotique (les responsables sont liés par l'appartenance à la même grande école). Les premiers contacts avec les dirigeants canadiens, pragmatiques et directs, bousculent les habitudes beaucoup plus feutrées du comité de direction de X, qui s'enferme de ce fait dans une hostilité boudeuse. Les projets communs piétinent alors qu'ils avaient justifié l'alliance entre les deux compagnies.

Dans cet exemple, il existe entre les deux organisations une volonté de « faire ensemble » ; toutefois, tant du point de vue global qu'individuel, des résistances interdisent la nécessaire libération de la capacité à agir de façon complètement différente. C'est au niveau des équipes, pas seulement le comité de direction mais toutes celles de la société X, que se situe le verrou qu'il faut faire sauter en produisant de nouveaux repères pour l'action. Dans ce cas, le travail de coaching, plutôt orienté vers les équipes au démarrage, peut déboucher sur des actions individuelles.

3 LES RACINES CONCEPTUELLES

Le principal outil, ce n'est pas le test X,
le jeu Y, l'exercice Z
ou la grille d'analyse T.
Le principal outil,
celui qu'il faut connaître vraiment à fond,
c'est le coach lui-même.

L'approche rationnelle du coaching a pour ambition d'être *intégrative*. Autrement dit, il s'agit d'une approche qui emprunte et combine diverses notions et techniques, elles-mêmes issues de théories ou démarches pragmatiques différentes, avec pour objectif d'en faire un seul ensemble conceptuel ou technique.

En réalité, cet objectif intégratif n'est que rarement atteint car, même si les théories ont pour vocation de décrire le même objet – l'homme –, elles partent de présupposés différents, ce qui a des répercussions importantes, aussi bien sur un plan épistémologique que technique. En conséquence, nombre des approches du coaching sont plutôt *éclectiques*, c'est-à-dire qu'elles utilisent les meilleures techniques proposées par les différents champs théoriques, en se préoccupant de leur seule efficacité et sans souci de cohérence conceptuelle. Cette vision pragmatique est fortement teintée de culture nord-américaine.

> La psychanalyse part d'un présupposé dualiste (il existe un appareil psychique, distinct du soma mais en lien avec lui), alors que le cognitivisme part d'un présupposé moniste (intégration des différentes structures physiologiques pour former la pensée, les processus automatiques et les émotions). Ces deux théories se rejoignent toutefois sur un point fondamental : le symptôme est attaché à la personne, ce qui conduit à une approche centrée sur le coaché – avec cependant de grandes différences techniques. À l'inverse, la théorie des systèmes considérera le symptôme comme un reflet du dysfonctionnement du système. Le symptôme peut donc circuler de personne à personne, et le traiter chez un individu ne résoudra pas toujours le problème.

1. Contribution des courants théoriques et techniques

On peut classer les approches théoriques en quatre grands groupes ou courants qui se scindent eux-mêmes en de multiples écoles : les théories psychanalytiques, les théories comportementales et cognitives, le courant humaniste, et enfin, la théorie des systèmes. Chacun de ces grands courants a une vision différente du fonctionnement individuel humain, des mécanismes collectifs dans les petits ou grands groupes, de la culture et des techniques pour provoquer un changement. Nous nous efforcerons ici de souligner les principales caractéristiques de chaque courant et d'en discuter l'applicabilité dans le coaching.

1.1 Le courant psychanalytique

Nous abordons en premier lieu ce courant, d'abord parce qu'il est le plus ancien (un siècle déjà), ensuite parce que les constructions théoriques ultérieures se sont souvent construites en référence à ce modèle, adoptant ou rejetant ses concepts et ses techniques. La psychanalyse est elle-même issue de la psychiatrie classique dont elle a repris le vocabulaire, ce qui lui a sans doute conféré une connotation négative, en raison de l'association entre les termes désignant des pathologies et ceux décrivant des conduites normales.

> Le terme de névrose désigne en psychiatrie une maladie mentale. En termes psychanalytiques, une structure névrotique décrit un conflit intrapsychique entre le désir et l'interdit. Pour la psychanalyse, la névrose est un état normal qui devient pathologique lorsque l'interdit l'emporte et étouffe tout désir. La personne présente alors des symptômes traduisant ses efforts pour survivre malgré cette contrainte.

L'hypothèse fondatrice de la théorie psychanalytique est l'existence d'une *psyché* distincte mais en lien avec un *soma*. Sur cette base, elle a fourni plusieurs modèles explicatifs complémentaires du fonctionnement psychique humain, ou « topiques », chacune ayant donné lieu à des techniques cliniques différentes.

La *première topique* scinde la psyché en trois domaines : conscient, préconscient et inconscient, qui sont respectivement les domaines de la pensée, des représentations de mots et des représentations de choses. Selon ce premier modèle, un préconscient trop mince laisse passer la violence provenant de l'inconscient. Cette violence déborde dans la pensée ou se déverse dans le corps : la personne est alors sujette au passage à l'acte ou aux explosions émotionnelles. Le travail du thérapeute, ou du coach, est de « tisser du préconscient », c'est-à-dire de susciter la mise en mots des éprouvés, ou, en d'autres termes, de transformer des représentations de choses en représentations de mots. Notons que cette approche présente des analogies avec l'expression des éprouvés utilisée dans d'autres courants, ou dans certaines thérapies des sociétés traditionnelles.

La *seconde topique* scinde la psyché en trois instances, Moi, Ça et Surmoi, qui sont en conflit entre elles ou avec la réalité. La notion de *structure psychique*, analogue à celle de personnalité, fournit une explication au comportement en désignant les acteurs et l'enjeu des conflits internes qui agitent la personne. Les structures décrites par la nosographie psychanalytique sont la *structure névrotique*, conflit entre les désirs du Ça et l'interdiction du Surmoi, la *structure psychotique*, conflit entre le Moi et la réalité, et les *états-limites*, qui sont des situations non structurées incluant parfois des aménagements psychiques assez stables, comme la perversion ou les états caractériels. Cette brève description correspond à la construction élaborée par Jean Bergeret (1974) qui a produit une synthèse particulièrement claire des points de vue des auteurs.

La psychanalyse a considérablement évolué depuis ses origines, prenant progressivement en compte l'évolution des pathologies, les changements sociologiques et l'existence de techniques efficaces inventées par les autres courants. Dans son état actuel, la théorie psychanalytique a complètement intégré la perte de sens dans la société postmoderne, c'est-à-dire le passage d'une logique de l'interdit à une logique de la performance, et les travaux récents font ainsi une beaucoup plus grande part au *narcissisme* et à ses troubles. Le narcissisme est une notion complexe, ayant donné lieu à de multiples variantes théoriques : il s'agit de l'amour de soi qui, lorsqu'il est trop développé ou trop pauvre, conduit à des modes de défense contre l'angoisse, comme l'hyperactivité, les conduites perverses, l'affaissement affectif ou des comportements à risque. Dans ce cas, le conflit entre désir et interdit (« Si je transgresse, je suis puni ») est relégué au second plan au profit d'un conflit entre performance et image de soi (« Si je ne suis pas conforme au désir de l'autre, il ne m'aimera plus »). Ces problématiques, que l'on pourrait résumer par « pas de rayure sur la carrosserie », sont devenues fréquentes dans le monde du travail et ont été bien analysées par Roland Bruner (1995) dans le cadre du coaching.

Une autre direction novatrice de la psychanalyse moderne consiste à reconsidérer le concept de relation d'objet. Le modèle psychanalytique classique est en effet très centré sur la personne (le « sujet »), qui aborde l'autre (« l'objet ») par une *relation d'objet*, sorte d'extension de la psyché vers l'extérieur. Les auteurs modernes préfèrent la notion de *lien* qui, tout comme celle d'*interaction* dans d'autres courants théoriques, prend en compte le fait que la relation entre personnes est symétrique et bilatérale. Ces réflexions ont permis le développement de la théorie et des techniques vers le groupe et la famille à partir des années 1980, en particulier avec les travaux de René Kaës et Didier Anzieu.

Enfin, les influences réciproques entre psyché et soma font aussi l'objet de nombreuses conceptualisations dont la plus élaborée est celle de l'école psychosomatique de Paris, pour laquelle l'incapacité à élaborer l'énergie pulsionnelle au sein du psychisme force celle-ci à se déverser dans le corps (maladies psychosomatiques et conversion hystérique), dans les conduites (personnalités anti-sociales, psychopathie) ou dans le caractère (personnalités caractérielles), sans qu'il soit possible d'attribuer un sens à ces manifestations, c'est-à-dire de reconstruire un lien symbolique entre le symptôme et sa cause.

Par contre, si les réflexions sur les différences culturelles sont nombreuses, les résultats théoriques et pragmatiques restent pauvres, ce qui constitue un sérieux handicap lorsque des problématiques interculturelles sont abordées.

1.2 Psychanalyse et coaching

Par rapport à d'autres référentiels théoriques, la psychanalyse ouvre l'accès à une explication sur la nature du problème que connaît la personne, ce qui permet au coach formé à la psychanalyse de décider si la demande relève du coaching ou de la psychothérapie en étant capable de discerner, par exemple, les pathologies profondes masquées par des conduites hypernormales. Par ailleurs, la psychanalyse permet d'identifier un certain nombre de situations qui ne relèvent pas du coaching, ou du moins qui sont très difficiles à aborder par un coach, comme la perversion, la perversité ou les conduites antisociales.

> Le pervers est dans un impératif de la jouissance, et il recherche pour cela des complices qui deviendront bientôt des victimes. Le pouvoir hiérarchique et le contrôle des procédures sont bien sûr les voies royales vers ce qu'il cherche. Paradoxalement, ce sont les personnes les plus motivées et les plus dévouées qui sont les plus exposées à être prises dans les filets du pervers, lequel établit un réseau serré d'interactions exigeantes ayant toutes les apparences d'une grande cohésion, bien qu'il s'agisse, en réalité, de manipulations. La perversion est donc une contre-indication au coaching individuel car, sauf s'il est formé à cette problématique, le coach ne peut être que complice ou moraliste. En outre, le pervers a une étonnante capacité de résistance au changement, alliant à une certitude absolue en sa vision du monde un plaisir inouï à briser l'autre. Un coach ayant une structure névrotique risque d'être fasciné par la liberté de pensée du pervers et devenir peu à peu instrumentalisé.

Le niveau d'explication fourni par la psychanalyse, qui concerne plusieurs domaines, la distingue des autres courants théoriques. C'est en effet le seul paradigme qui prend en compte la différence des sexes comme une réalité ainsi que les positions symboliques qui y sont associées. Si la différence des générations, autre importante réalité, est considérée par d'autres systèmes théoriques (systémie, Analyse Transactionnelle…), la psychanalyse y accorde une place centrale. Enfin, nous le verrons dans le chapitre 6, c'est le courant qui analyse le plus finement les mécanismes affectifs intervenant entre personnes en distinguant les *défenses du Moi* des phénomènes de *transfert*. Enfin, la psychanalyse constitue sans aucun doute une approche privilégiée pour le travail sur soi-même que tout coach doit entreprendre.

1.3 Le courant comportemental et cognitiviste

La psychologie cognitive résulte de l'impasse dans laquelle se trouvait enfermée la psychologie comportementale dans les années 1960. Celle-ci, en réaction à la foison subjectiviste, avait développé dès la fin des années 1920 un courant s'appuyant principalement sur l'expérimentation et la prise en compte des seuls faits observables. Selon ce paradigme, le fonctionnement humain peut être décrit et expliqué en s'intéressant uniquement aux stimuli (ou entrées, ou encore input) et aux réponses correspondantes (ou sorties, ou encore output), tous deux observables et mesurables, donc susceptibles de s'exprimer en lois générales. Inspirée des modèles du conditionnement, cette approche n'avait d'autre solution que de considérer comme facteur négligeable tout ce qui ne pouvait donner lieu à une étude expérimentale, comme les aspects affectifs et cognitifs du comportement humain ; ces derniers furent donc marginalisés, ainsi que nombre de phénomènes collectifs.

Les techniques thérapeutiques dérivées de la théorie comportementaliste eurent cependant un immense succès, car elles permettaient de résoudre rapidement certaines pathologies résistant à la psychanalyse. Ainsi, les obsessions et compulsions, les phobies, les problèmes sexuels et certaines formes de dépression pouvaient être traités en partant de l'idée que ces troubles résultaient d'un conditionnement inadéquat et qu'il suffisait donc de procéder à un déconditionnement et un reconditionnement.

Afin de répondre aux critiques de réductionnisme, c'est-à-dire d'abandon des facteurs subjectifs tels que les émotions, le cognitivisme naquit au début des années 1960 en remplaçant le modèle stimulus-réponse par une analogie avec le fonctionnement d'un ordinateur, selon un schéma stimulus-traitement-réponse. Fidèles aux principes fondateurs du courant comportementaliste, les cognitivistes maintinrent le principe d'acquisition du savoir par l'expérimentation et le recueil de données objectives. Cette approche permit de faire un bond en avant dans la compréhension du fonctionnement humain, en particulier dans les domaines de l'organisation des informations dans la mémoire, des processus de traitement de ces informations et des relations entre la pensée et les émotions. Ainsi, les recherches expérimentales ont permis de mettre en évidence que les connaissances sont stockées dans une mémoire long terme organisée selon des systèmes de *représentations* (conceptuelles, imagées, d'action), elles-mêmes structurées selon la nature des relations entre éléments ou le système d'encodage. Sans entrer dans le détail, des termes relatifs à la gestion des connaissances tels que *schéma*, *réseau*, *carte mentale*, *macrostructure*, sont associés à des notions du cognitivisme. Les recherches ont également montré que les traitements effectués sur les connaissances sont de nature *automatique* (aller au bureau en voiture, par exemple) ou *contrôlés* (rédiger un rapport complexe). Les premiers sont ultra-rapides, irrépressibles mais souvent simplistes, alors que les seconds sont lents mais peuvent atteindre un haut niveau de sophistication.

Dans la perspective cognitiviste, ce sont les *processus automatiques* qui sont au cœur du processus de changement. Ils ont été inscrits par apprentissage et permettent de résoudre en un clin d'œil un grand nombre de problèmes. Toutefois nos processus automatiques sont envahis de « schémas distordus », qui rendent impossible une lecture correcte des événements externes, des ressentis et des relations interpersonnelles : de ce fait, la puissance de créativité qui caractérise les processus contrôlés se trouve polluée par des données initiales faussées.

> Beck a identifié un certain nombre de traitements automatique de l'information qui induisent des distorsions importantes de la perception de l'environnement : *inférence arbitraire* (conclusion sans preuves), *abstraction sélective* (conclusion sur la base d'un détail), etc. Il est très facile d'observer autour de soi le mécanisme de *surgénéralisation*, consistant à tirer une conclusion sur la base d'un seul cas observé : « Les polytechniciens sont incapables de prendre des décisions. La preuve : Julien, le PDG, n'en a jamais pris une seule. »

Changer, c'est alors remplacer un certain nombre de processus automatiques par d'autres mieux adaptés. Or cela demande de régresser en termes d'efficacité, et cette diminution des performances est perçue de façon très négative par la personne qui présente en conséquence de très fortes résistances.

L'approche cognitiviste est particulièrement bien adaptée pour expliquer nombre de mécanismes interculturels mis en place par apprentissage. Les études sur les jumeaux monozygotes (issus d'un même œuf) élevés dans des familles différentes ont ainsi montré que l'inné s'efface devant l'acquis, sauf si celui-ci est très déficient. L'être humain est très plastique et se construit par une interaction avec le milieu dans lequel il vit ; or la perception du monde est différente selon les milieux sociaux, et donc, *a fortiori*, selon les cultures…

Les évolutions actuelles du cognitivisme tendent à un examen plus fin de la relation entre personnes et à la mise en avant de l'affectif, c'est-à-dire à la prise en compte de préférences et de répulsions dont la source tient à la différence des sexes ou à la différence des environnements sociaux ou culturels. Les interactions entre cognition, émotion et phénomènes collectifs sont aujourd'hui au centre des préoccupations des théoriciens. Ce mouvement a déjà été mentionné plus haut pour la psychanalyse, et constitue certainement une tendance de fond trans-théorique pour les deux prochaines décennies.

Il reste que les chercheurs sont encore imprégnés de l'attrait pour la « cognition froide » (exempte d'affectif), conforme aux préceptes initiaux du courant, et rechignent à explorer la « cognition chaude » (envahie d'affectif), qui résiste à la méthode expérimentale. Toutefois l'attrait pour la compréhension de la différence culturelle aux États-Unis a provoqué une petite révolution dans le cercle des cognitivistes américains, la mise en évidence expérimentale de différences considérables entre les modes de pensée et de raisonnement des Occidentaux et des Asiatiques ayant permis de prendre conscience des limites du paradigme (voir chapitre 6).

1.4 Le courant humaniste

Au début des années 1930 et après la Seconde Guerre mondiale se développe le courant de la *psychologie humaniste*, dénommée encore *psychologie existentielle* ou *mouvement du potentiel humain*, qui s'oppose avec vigueur aux présupposés de la psychanalyse et du comportementalisme. Pour le courant humaniste, l'homme n'est pas esclave de ses pulsions ou l'objet d'un conditionnement opérant que lui inflige l'environnement, mais est au contraire « maître de son destin ». Cruciale est la notion de *potentiel* de l'être humain qui, en raison des contraintes internes et externes, n'est pas totalement exploité par les individus. « Devenir ce que je suis » pourrait résumer l'objectif de chacun.

Les contributeurs du courant humaniste sont nombreux. Il peut être utile de citer les principaux, ainsi que les techniques qu'ils ont développées : Jacob Moreno (psychodrame) ; Kurt Lewin (dynamique de groupe) ; Carl Rogers (non-directivité), qui a pour disciple Thomas Gordon ; Wilhelm Reich (analyse caractérielle), qui a pour disciple Alexander Lowen (bioénergie), Ola Raknes et Gerda Boyesen ; Friedrich Perls (Gestalt-thérapie) ; Abraham Kardiner (école culturaliste), qui a pour disciple Daniel Casriel (thérapie par le cri) ; Milton Erikson (hypnose) qui a pour disciples Richard Bandler et John Grindler (inventeurs de la PNL) ; Erich Fromm (psychologie existentielle) ; Roberto Assagioli (psychosynthèse) ; William Shutz (relaxation, inventée en 1912), avec pour disciples Eugène Jacobson et Michel Sapir ; Ida Rolf (Rolfing), avec pour disciple Jack Painter ; Alfonso Caycedo (sophrologie) ; et enfin Eric Berne (Analyse Transactionnelle, mise au point en 1954).

Des liens étroits existaient entre toutes ces personnes. Ainsi, le Centre de recherche Esalen en Californie a été créé en 1962 par Michael Murphy et Richard Price, avec pour objectif l'exploration des capacités humaines inexploitées. Ils assemblent autour d'eux des noms emblématiques du courant humaniste, comme Abraham Maslow, connu pour sa fameuse *pyramide des besoins*, William Schutz, puis Friedrich Perls en 1964. Les minutes des séminaires et des groupes de recherche mentionnent la présence de Gregory Bateson, Ida Rolf, Alexander Lowen, Anaïs Nin et bien d'autres. Mais bien avant l'existence de ce creuset, des rencontres avaient eu lieu entre maîtres et disciples, comme celle entre Wilhelm Reich et Freidrich Perls, ou entre ce dernier et Kurt Lewin vers 1930. Il faut aussi noter la prise de position d'un certain nombre de psychanalystes américains en faveur d'une réorientation de leur pratique vers le développement de soi.

Avec des présupposés résolument monistes, les sous-courants humanistes tentent de réconcilier corps, cœur et esprit, c'est-à-dire de reconnecter l'individu avec ses sensations et ses sentiments. Le respect de soi implique celui de l'autre, et l'action doit donc s'inscrire dans un espace de liberté, de responsabilité, de croissance, et d'authenticité dans la *rencontre*. Cette dernière notion est particulièrement importante : elle se distingue de celle de transfert (voir chapitre 6) au sens où la relation ne répète pas quelque chose du passé, mais permet l'accès à l'autre réel dans le présent. L'Analyse Transactionnelle parle ainsi d'« états du moi » (parent, adulte, enfant) qui se combinent, par exemple en une *transaction* parent-enfant, alors que la psychanalyse évoque un *transfert paternel* (ou maternel).

Au niveau méthodologique, le courant humaniste a favorisé l'approche phénoménologique initiée par Husserl, qui consiste en une acquisition de savoir par le jugement porté sur ce qui est perçu. En ceci, les thèses humanistes se heurtent parfois de front avec la rigueur scientifique des cognitivistes.

> Si nous regardons de biais un cercle, nous voyons une ellipse, et pourtant nous la nommons immédiatement « cercle ». Ce qui fait dire aux humanistes que nous savons percevoir les propriétés réelles de l'objet au sein d'un environnement complexe. Les cognitivistes répondront que la forme perçue est rapprochée d'une représentation en mémoire long terme à l'aide d'un processus automatique, lequel n'a pu être mis en place que par une expérience passée.

Pour la psychologie humaniste, il n'y a pas de frontière marquée entre psychothérapie, développement personnel, techniques de créativité et coaching. Par ailleurs, le coaching a retenu de la psychologie humaniste quelques idées fortes, parmi lesquelles :

– l'absence de différence entre santé et maladie ;
– la possibilité de développer un potentiel bloqué ;
– l'utilisation du groupe comme médiat (quoique ceci soit commun avec les autres courants) ;
– la centration sur le présent et le futur ;
– la reconnaissance de la communication non verbale (quoique ceci soit commun avec le courant systémique) ;
– la reconnaissance de l'expression émotionnelle (quoique ceci soit commun avec le courant cognitiviste) ;
– l'importance du corps.

Le courant humaniste a en outre inspiré de très nombreux outils utilisés par les coachs, qui sont bien acceptés par les entreprises (voir chapitre 5). Par contre, la différence culturelle n'y est que peu traitée, et ne peut guère l'être : la plupart des constructions humanistes, imaginées aux États-Unis, demeurent en effet fortement marquées de culture américaine. Par exemple, le présupposé fondamental selon lequel l'homme est maître de son destin n'a absolument aucun sens pour les Orientaux.

1.5 La théorie des systèmes

L'approche systémique, fortement influencée en cela par les théories cybernétiques (Norbert Wiener, Ludwig von Bertalanffy), part d'un présupposé fondamental selon lequel le groupe est beaucoup plus que la somme de ses parties, et que les lois de fonctionnement du système prévalent sur celles de l'individu agissant sur son environnement. Toute interaction entre l'individu et l'environnement occasionne des phénomènes de rétroaction qui permettent au système de se maintenir dans un état relativement stable, malgré les efforts parfois démesurés des individus qui en font partie pour changer l'état du système.

> *Exemple*
> Une forêt est peuplée de lapins et de renards. Si le temps est favorable, la nourriture sera abondante et les lapins vont se reproduire. S'il y a beaucoup de lapins, le nombre de renards augmente, puisqu'ils ont eux aussi davantage de nourriture, mais ceci fait baisser le nombre de lapins. Peu à peu s'établit ainsi un équilibre dynamique stable, avec de petites oscillations. L'arrivée de chasseurs va modifier

cet équilibre en introduisant de nouvelles interactions qui vont augmenter la complexité du système.

Partant du constat que la communication est le fluide qui lie les différentes parties du système, l'école de Palo Alto, en Californie (Gregory Bateson, Don Jackson, Paul Watzlawick), a développé un paradigme qui a servi de germe à toutes les formes de thérapies familiales. Née à la fin des années 1950 avec la création du *Palo Alto Mental Reseach Institute,* l'approche systémique est constructiviste : c'est le sujet qui est l'architecte de sa réalité, et donc maître de son destin – une vision très occidentale qui, nous l'avons dit, ne fonctionne évidemment qu'en Occident. L'idée fondamentale, réaction aux présupposés freudiens, est que le rapport entre individus n'est pas une *relation d'objet*, sorte de pseudopode lancé d'une personne vers une autre, mais une *communication bilatérale* qui existe en soi et peut être étudiée et modifiée comme telle, c'est-à-dire sans chercher à agir sur l'une ou l'autre personne. Dans ce schéma, le changement, qui nécessite une coûteuse énergie lorsqu'on passe par l'individu, est grandement facilité si l'on s'attaque au système.

Au niveau thérapeutique, l'approche systémique a introduit une révolution conceptuelle dont nous ne mesurons pas toujours l'ampleur : alors que jusque-là la personne était seule détentrice de son « mal », celui-ci devenait soudain propriété commune, et un intervenant externe pouvait s'y attaquer sans impliquer directement les acteurs. À cette révolution conceptuelle s'ajoutait un bouleversement technique, puisque quelques interventions de nature paradoxale (voir plus loin) permettaient de résoudre des problèmes qui demandaient des années d'efforts aux psychanalystes.

Interpellés par le succès des thérapies familiales systémiques aux États-Unis, les psychanalystes ont développé la notion de *lien* vers la fin des années 1970, et inventé les techniques cliniques de la psychanalyse groupale et familiale (Ruffiot, Anzieu, Kaës), reposant sur cette même idée que le symptôme d'un membre est en fait celui du groupe.

La critique la plus fréquemment exprimée à l'égard de l'approche systémique est le manque d'une dimension personnelle. Son présupposé fondamental implique en effet que le dysfonctionnement de la communication est à l'origine des problèmes de l'individu, alors que la position est exactement inverse pour tous les courants qui sont issus d'une théorie du fonctionnement individuel… Une autre critique est l'absence de toute référence au symbolique, qui rend l'approche un peu aveugle lorsqu'il est question de la différence des sexes ou de la perversion.

> Lors d'un plan social, le malaise de ceux qui restent est au moins égal à celui de ceux qui partent. Ce phénomène est connu sous l'appellation de « syndrome du survivant ». L'écoute des employés, de leurs managers et des partenaires sociaux fait apparaître que l'exécution du plan se fait sans aucun « rite de séparation » au cours duquel l'émotion peut s'exprimer. Ceux qui partent souhaitent également « laisser en héritage » ce qu'il ont inventé, comme par exemple des techniques de vente ou des astuces administratives. Mais l'enterrement, acte symbolique accordé aux morts, est refusé à ces vivants supposés partir à la sauvette.

Bien qu'elle donne une riche représentation des phénomènes collectifs, la théorie des systèmes n'est pas une théorie des groupes ou des équipes. Ces derniers font l'objet de paradigmes expérimentaux et conceptuels dans la psychanalyse et la sociocognition.

Enfin, la différence culturelle a été abordée par le Collège invisible du *Mental Research Institute* de Palo Alto, et a débouché sur quelques intéressants concepts, comme l'« orchestre de sourds », la « métaphore de la grammaire », la « dissonance », ou la notion de « réalité du premier ou second ordre » (Winkin, 1981). Ces notions sont toutefois peu utilisées actuellement.

2. Les recherches sur l'efficacité thérapeutique

Le coaching professionnel étant naissant, il n'existe pas encore assez d'études quantitatives sur les causes ou raisons de son efficacité. Par contre, les recherches qui comparent les effets des différentes prises en charge psychothérapeutiques (on en dénombre plus de 400 dans le monde occidental, et elles sont sans doute plus variées encore dans les sociétés traditionnelles) sont nombreuses et riches : elles apportent des éléments utiles sur la contribution de la théorie, des acteurs et du cadre dans le processus de changement. Dans leur grande majorité, ces recherches sont méta-analytiques, c'est-à-dire qu'elles procèdent à l'examen des résultats d'autres recherches, parfois comptées en milliers (Nathan *et al.*, 1998, p. 165-222). Le foisonnement des travaux est considérable et, compte tenu des enjeux humains, économiques, politiques et sociaux, leur qualité est rigoureusement contrôlée, aussi bien au plan méthodologique qu'épistémologique. Mais la complexité de ce champ est telle que les résultats restent controversés.

Au final, ces travaux montrent une efficacité comparable des différentes références théoriques. Cette conclusion suggère l'existence de facteurs communs à toutes les approches, qui touchent aussi bien aux qualités du thérapeute qu'aux techniques utilisées. Autrement dit, le changement serait provoqué par des mécanismes similaires et le thérapeute puiserait dans un fonds de principes généraux qui se traduisent en des termes différents selon ses systèmes conceptuels. De fait, que la référence théorique soit humaniste, systémique, psychanalytique ou cognitiviste, les modes de communication sont voisins, chacun mettant en œuvre des interventions verbales telles que l'*interprétation*, la *question* ou la *prescription* (voir chapitre 5). Des processus d'influence tels que la *suggestion*, l'*encouragement*, la *réassurance*, voire la *déstabilisation* à l'aide d'un paradoxe, sont couramment insérés dans le cours des thérapies.

Nous pouvons faire l'hypothèse fondamentale que le processus de changement au cours du coaching est de même nature que celui qui intervient dans une psychothérapie. En effet, aussi bien la relation de soin que le coaching procèdent d'une démarche dont les étapes sont l'acquisition des informations nécessaires à l'établissement d'un diagnostic, le choix d'une forme d'intervention et des approches relationnelles les plus appropriées, et enfin, tout au long du processus, la production d'hypothèses et leur mise à l'épreuve au travers d'interventions qui sont, en principe, spécifiques au référentiel théorique, lequel fournit également une explication des problèmes rencontrés et des pistes pour les résoudre.

L'approche cognitivo-comportementale suppose que les croyances et les représentations sont organisées selon un système de *schémas* stockés dans une mémoire à long terme dont le codage est de nature sémantique. L'activité cognitive a un effet sur les émotions et les comportements ; des schémas inadéquats peuvent donc être source de conduites anormales. Cette approche présuppose que les schémas ont été établis par apprentissage et qu'un contre-apprentissage peut les modifier. Dans cette perspective, le changement est un amendement des représentations du monde et des relations de la personne au monde. Le *problème*, dans le cas du coaching, ou le *symptôme*, dans le cas des thérapies ou du coaching cognitivo-comportemental, est ce à quoi il faut s'attaquer : sa disparition est l'objectif à atteindre et celui-ci doit être, autant que possible, l'objet d'un contrat formel et quantifiable. Si, par exemple, le coaché présente une inhibition à s'exprimer devant un public nombreux, l'objectif final du coaching est de lui permettre de se présenter devant une large assistance sans la moindre appréhension. Dans une approche inspirée de la psychanalyse, le présupposé fondamental est qu'il existe un niveau de fonctionnement inconscient abritant des conflits intrapsychiques qui se sont formés au cours de l'enfance par la répression de désirs et de pulsions socialement inadéquats. Les souvenirs associés ont été séparés des affects, les premiers étant refoulés tandis que les seconds ressurgissent sous une forme déplacée et déterminent les conduites de la personne adulte. La divulgation des représentations anciennes et des désirs qui y ont été associés permet la résolution des conflits, et donc le changement. Les coachs qui s'inspirent de la psychanalyse se distinguent toutefois des thérapeutes en ce qu'ils limitent leur intervention à la mise au jour des représentations refoulées, sans travailler l'origine des désirs sous-jacents. L'inhibition à s'exprimer devant un large public peut ainsi faire référence à des positions parentales répressives lorsque l'enfant cherchait à attirer l'attention. Alors que le coach s'arrêtera à ce point, le thérapeute pourra aller plus loin et encouragera la personne à découvrir pourquoi elle a adopté ce comportement inhibé.

Les recherches sur l'efficacité thérapeutique et la dynamique du changement personnel montrent que les pratiques cliniques sont le plus souvent cohérentes avec les modèles théoriques. Mais bien que leurs résultats respectifs soient voisins, les approches communicationnelles demeurent très différentes. Si la plupart des auteurs s'accordent sur le fait que le changement réside en une *modification de la vision du monde*, ils divergent fortement lorsqu'il s'agit de définir ce qui déclenche ce glissement d'une représentation à un autre. Tobie Nathan (1987) défend avec vigueur la thèse selon laquelle la théorie du guérisseur, thérapeute ou coach, est transmise à la personne qui l'adopte : « La théorie du guérisseur, c'est-à-dire l'interprétation qu'il a et qu'il délivre peu ou prou à son patient du processus mis en œuvre, doit être considérée comme un des éléments opératoires actifs. »

Les recherches modernes sur les stratégies utilisées par différents acteurs de l'aide ou du soin (Masse, 1999) montrent que les éléments qui contribuent à la construction psychique sont les mêmes selon les théories (famille, événements passés, environnement), mais que le *mode d'inscription*, c'est-à-dire le « comment » de la construction psychique, est différent. Pour les cognitivistes, un *schéma* est acquis par un conditionnement opérant tandis que, pour les psychanalystes, un *fantasme* est construit sur la base d'un choc émotif. Les deux concepts sont de même nature puisqu'ils mettent tous deux en jeu une sorte de programme interne, qui serait activé lorsque les circonstances actuelles sont proches de celles ayant présidé à son inscription. Les solutions pour rompre la fatalité répétitive sont toutefois très différentes : pour le cognitiviste, il s'agit de briser la séquence par des interventions fréquentes, structurées et explicites, qui tiennent pour une bonne part aux différentes variantes de l'*explication* ; pour le psychanalyste, l'approche consiste à stimuler la redécouverte des mécanismes affectifs ayant contribué à la construction psychique, et le type préféré d'intervention est l'*interprétation*, en laissant la personne dans une grande incertitude afin de stimuler sa capacité à mettre en mots sa propre vision de ce qu'il est (voir chapitre 5). Les tenants de la théorie des systèmes, quant à eux, se préoccupent peu des causes ou raisons passées : leur action vise à souligner les carences du fonctionnement actuel en utilisant volontiers une *prescription* mettant en évidence les impasses du système, ou le *recadrage*, qui est une décentration du point de vue. Pour celui dont la référence est humaniste, l'activation des émotions et du corps permet d'atteindre des niveaux affectifs qui provoquent à leur tour le changement.

3. La notion de changement

Le changement est peut-être *la* notion phare autour de laquelle s'organise l'activité de coaching. Il en existe bien entendu de multiples définitions et de multiples théories ; nous proposons toutefois de mettre l'accent sur la thématisation du changement qui a été opérée par le courant systémique, qui nous paraît fournir une entrée en matière riche des problèmes posés par cette notion.

Ross Ashby (1956) aurait été le premier à introduire les notions de « changement 1 » et de « changement 2 ». Pour faire comprendre à quoi ces notions réfèrent, Ashby utilise l'image d'une machine. Le changement 1, c'est le passage d'un état à un autre, tel qu'il correspond au *comportement* normal de la machine. Le changement 2, c'est le passage d'une transformation à une autre, autrement dit un *changement de comportement* qui a pour cause quelque facteur externe.

L'analogie que propose Paul Watzlawick (1975), à la suite d'Ashby, est celle d'une automobile à changement de vitesse mécanique. Le changement 1 serait comme l'accélération en première, tandis que le changement 2 correspondrait au passage de la seconde, c'est-à-dire à l'entrée dans un registre complètement différent, appartenant à une logique plus élaborée : celle des pignons complexes, par rapport à la simple adjonction de carburant.

Cette vision du changement a eu un immense succès, et elle a permis de développer de nombreuses techniques, aussi bien dans la thérapie que dans le coaching. Elle mérite cependant d'être affinée.

Tout d'abord, en prolongeant l'analogie de Watzlawick, pour qu'il soit possible de passer la seconde, il faut avoir acquis assez de vitesse en première, sinon le moteur peine et peut même caler. De manière générale, cela signifie que le changement 2 a pour préalable suffisamment de changement 1.

> *Exemple*
> Lucie ne peut plus supporter son supérieur hiérarchique, perfectionniste et exigeant. Toutefois son exaspération n'est pas un moteur pour quitter son poste, même s'il lui est relativement facile d'en trouver un autre au sein de l'entreprise. Son désir de faire quelque chose d'autre n'est pas encore suffisant.

Un coach doit donc savoir prendre son temps même, et surtout, si le coaché se plaint « qu'il ne se passe rien ». L'attente d'un effet immédiat et magique est d'ailleurs d'un mauvais pronostic, car il révèle une médiocre capacité à élaborer ou, en d'autres termes et selon les théories utilisées, une fixation infantile, une position d'enfant rebelle, etc.

D'autre part, pour passer en seconde, il faut également tenir compte de l'état de la chaussée. Sur un chemin de terre sinueux, rouler en première est la meilleure chose à faire. Pour profiter du rapport de vitesse supérieur, il faut tout d'abord rejoindre une route goudronnée.

> *Exemple*
> Le véritable désir de Philippe se révèle : quitter le métier actuel qu'il a embrassé sous la pression familiale et s'engager dans ce à quoi il rêve depuis l'enfance. Mais il est maintenant chargé de famille et ne peut repartir à zéro sans exposer ses proches à des difficultés matérielles. Il doit donc différer son projet et l'inscrire dans une perspective de moyen terme.

Le changement peut être confondu avec des mouvements affectifs ou cognitifs transitoires provoqués à l'aide d'une technique. Certains actes mettant en jeu le corps (massage, hyperventilation, exercice de bio-énergie…) permettent ainsi de « disjoncter » quelques instants le système nerveux ortho ou parasympathique, et placent la personne dans un état inhabituel pendant lequel elle appréhende des niveaux de « ressenti » jusqu'alors inconnus. Mais, comme ces boules de verre que l'on secoue pour faire voltiger la neige autour d'un petit chalet, le paysage interne retrouve l'état initial après quelques temps. À l'inverse, on ne parle de changement que lorsqu'il y a inscription définitive de quelque chose de nouveau.

Exemple
Clotilde est formatrice et se plaint d'un perfectionnisme qui envahit sa vie. Elle veut à tout prix transmettre ce à quoi elle croit et vit mal les prestations où elle se juge médiocre. Le changement intervient brusquement le jour où elle réalise que ce n'est pas à elle, mais à ses clients d'estimer s'ils sont satisfaits ou non.

Enfin, il ne faut pas confondre changement et *adaptation* naturelle à l'évolution de l'environnement. Si le patron d'une PME apprend l'anglais sous la pression de sa clientèle internationale, il ne change pas, mais s'adapte…

3.1 Changement et théorie

Chaque courant théorique a développé sa propre approche pour provoquer chez l'autre un changement allant dans le sens de sa demande. Néanmoins, les différents courants adoptent généralement la distinction entre un niveau superficiel de changement et un niveau plus profond (les changements 1 et 2 des systémiciens).

La psychanalyse présuppose l'existence d'un niveau psychique inconscient au sein duquel le véritable désir de la personne affronte l'opposition de diverses instances coercitives ou normatives. Le Surmoi, siège des injonctions du type « Ne fais pas… ! », voisine avec « l'idéal du Moi », d'où sont issues celles construites sur le modèle « Fais comme… ! » Le travail du coach qui utilise cette référence théorique consiste à faire émerger le véritable désir ainsi que les obstacles internes qui empêchent sa réalisation. Au niveau verbal, l'intervention préférée est l'*interprétation*, qui consiste en une affirmation sur le fonctionnement affectif ou psychique du coaché (voir chapitre 5) ; l'efficacité de l'interprétation dépend beaucoup du moment de sa formulation ainsi que d'autres facteurs, comme l'état affectif du coaché.

Exemple
Robert, le coaché, considère qu'il travaille trop sans que ses missions le justifient. Le coach identifie que le désir de détente de Robert est inhibé par une image interne de luxure inscrite dans la petite enfance : le plaisir serait un grave péché.

Traduits en vocabulaire psychanalytique, le changement 1 consisterait en une simple compréhension de l'origine de l'inhibition, tandis que le changement 2 serait une véritable *prise de conscience,* brutale, intense, qui donnerait soudain du sens à l'histoire personnelle. Typiquement, le moment propice pour une interprétation est l'évocation d'un souvenir troublant.

Pour les cognitivistes, le problème a pour origine une représentation inadaptée acquise par apprentissage, qui se traduit par des processus comportementaux automatiques inadéquats. Pour opérer un changement de ces processus automatiques, il est nécessaire de passer par les processus contrôlés. Toutefois ce chemin se heurte à un paradoxe : comme les psychanalystes, les cognitivistes reconnaissent qu'en l'absence d'émotion le changement ne peut survenir, mais que l'émotion provoque une résistance au changement… Dans tous les cas, le passage par le « dire », pour reconnaître, évaluer et modifier les représentations nocives, est essentiel – ce qui ressemble à la « mise en mots » des psychanalystes.

Exemple
Le coaché, Olivier, a des problèmes relationnels avec ses subordonnés, en particulier avec Élodie, qui explose de colère chaque fois qu'Olivier cherche à la rassurer lors de la mise en route d'un nouveau projet. Pourtant, dit-il, il a la plus grande attention pour la fragilité de la jeune femme. Au cours du coaching, Olivier réalise qu'il rassure Élodie pour réduire ses propres émotions négatives suscitées par toute situation nouvelle. Celui qu'il cherche à rassurer en rassurant Élodie, c'est lui-même…

Les systémiciens ont observé, comme les psychanalystes et les cognitivistes, qu'une explication rationnelle des causes ou raisons du problème ne permet pas de le résoudre. Afin d'y parvenir, il faut créer une situation psychique telle que la seule issue soit la résolution de la difficulté. Les techniques cliniques de *recadrage* ou d'*injonction paradoxale* permettent d'arriver à ce résultat. Les interventions systémiques reposent souvent sur le fait qu'un paradoxe (c'est-à-dire un couple de propositions inconciliables) ne peut être résolu par une simple décision, comme l'est une contradiction (c'est-à-dire un couple de propositions opposées). En conséquence, placer la personne en face d'un paradoxe ne lui laisse qu'une seule issue : changer.

Watzlawick (1975) décrit quelques exemples d'interventions paradoxales, comme : « moins de la même chose », « expliciter l'implicite », le

« coup de Bellac » (en référence à la pièce de Jean Giraudoux, *L'Apollon de Bellac*), « utiliser la résistance », le « sabotage bienveillant »…

> *Exemple : « moins de la même chose »*
> Un couple consulte car l'épouse ne peut plus supporter la dépendance du mari envers ses parents. Ces derniers interviennent à tous les niveaux de la vie du couple en apportant une aide qui n'est pas demandée et règnent sur la maisonnée à chaque visite. L'épouse cherche en vain à résister à cet envahissement de sa vie conjugale, en tentant par exemple d'empêcher sa belle-mère de faire la cuisine, d'acheter les provisions ou de s'occuper du ménage.
> La prescription du thérapeute fut de laisser au contraire la vaisselle et le linge sale s'accumuler avant la visite des parents, de vider le réfrigérateur et d'accepter sans rien dire tout ce que le père et la mère proposent, comme de payer le restaurant, sans jamais remercier. L'équilibre du système reposant sur la domination parentale fut rapidement rompu.

Les humanistes ont bien entendu compris eux aussi que la voie de l'évidence ne permet aucun changement. Il est difficile de résumer en quelques mots les multiples variantes de ce courant, mais on peut dire qu'en général la première étape est une forme de déstabilisation surprenante, au niveau émotif, affectif ou corporel. La seconde étape consiste en une élaboration menée par le coach qui passe, comme pour les courants précédents, par une mise en mots.

En résumé, quelle que soit la méthode – et ceci est d'ailleurs également vrai pour les approches du changement dans les sociétés traditionnelles, comme les chamans –, le changement passe par la mise en œuvre d'une combinaison de processus déstabilisants (par l'évocation d'affects, de ressentis, de souvenirs, de sensations corporelles…), suivis de mise en mots ou de rituels qui donnent un sens à l'histoire, ou au présent, ou au projet.

3.2 Changement et deuil

Un des aspects les plus significatifs du changement réside dans ce que l'on peut appeler le « deuil » du problème. En effet, lorsque la personne s'écarte d'un problème pour aller vers une solution, elle abandonne toujours quelque chose, et prend le risque de ne pas se réaliser à la hauteur des espoirs placés dans le nouveau projet. Le coaché se trouve donc pris dans l'obligation d'un deuil de ce qu'il rejette.

Exemple
Étienne est directeur dans une compagnie financière. L'environnement lui semble pesant, besogneux, et il aspire à travailler dans une entreprise plus dynamique. À la suite d'une fusion, il manque de peu une promotion qui lui aurait permis d'accéder au comité de direction, là où se prennent les vraies décisions, qu'il imagine baigné dans une atmosphère mystérieuse où tout se chuchote. Étienne a toujours rêvé d'accéder à ce lieu du pouvoir.
Dès lors son travail lui paraît sans intérêt. Sur un coup de tête, il démissionne et rejoint un groupe concurrent qui progresse vivement sur le marché, avec une réputation de créativité et de dynamisme. Son nouveau poste est à un niveau beaucoup plus élevé que celui qu'il a quitté et le salaire est à l'avenant. Pourtant il se sent mal, au point de présenter des troubles du sommeil et de l'appétit, sans compter que sa famille commence à le trouver invivable. Son épouse le somme de réguler sa vie et menace de divorcer.
Les premières sessions du coaching révèlent qu'Étienne est déçu par ce nouvel environnement, âpre et trop exigeant, et qu'il regrette son ancien poste, même s'il n'a pu obtenir la promotion espérée.

Cet exemple nous permet d'illustrer qu'il n'est possible de s'endeuiller que de ce qui a été acquis auparavant. Pour perdre, il faut avoir eu ! Or, n'ayant pu accéder au poste convoité, Étienne ne peut en faire le deuil. En outre, son illusion d'être satisfait dans un milieu professionnel compétitif se dissout lorsqu'il réalise à quel point cet environnement est aride, comparé au paternalisme chaleureux de son ancien employeur. Les situations possibles peuvent être résumées comme suit :

	Ancien objet espéré mais jamais acquis	Ancien objet acquis puis perdu
Objet nouveau décevant	**Sentiment d'échec**	**Déception**
Objet nouveau gratifiant	**Deuil impossible**	**Bonheur et jubilation**

Enfin, il ne faut pas confondre deuil et renoncement. Au deuil correspond une perte, c'est-à-dire une cause externe à la personne, tandis que le renoncement est le fait de la personne elle-même, parfois sous le joug d'un interdit ou d'une inhibition.

Exemple. Le renard et les raisins
Léon aurait bien voulu être manager, mais n'a jamais pu accéder à cette position en raison de la culture de son entreprise qui valorise l'extraversion alors qu'il est

plutôt intraverti. Il a donc développé ses compétences de spécialiste et a acquis une réelle *aura* auprès de sa direction qui l'emploie comme conseiller, comme stratège ou comme ultime recours dans les situations difficiles. La démission soudaine d'un des responsables commerciaux dans un contexte de pénurie de managers potentiels le place dans une position de sauveur, et on lui propose cette promotion. Effrayé, il renonce à devenir manager mais ne se remettra jamais de cette décision.

3.3 Changement et culture

En 1966, Julian Rotter (1966) publie un article dans lequel il développe un concept qu'il nomme *Locus of Control* (LOC), pour lequel il crée une échelle de mesure originale. De l'article de Rotter, qui demeure l'un des plus cités dans le domaine, suivront d'innombrables recherches, décrites dans l'excellent ouvrage de Nicole Dubois (1987). Le modèle qu'il propose s'inscrit dans le courant de pensée de l'*attribution causale*, c'est-à-dire des efforts fait par tout individu pour donner un *sens* à ce qui lui arrive dans le cours de son existence.

L'origine du LOC est le constat, par les spécialistes de l'apprentissage, que la théorie du renforcement ne se vérifie pas aussi bien pour les humains que pour les animaux. Par exemple, si je m'entraîne intensément au tir à l'arc, mes performances vont s'améliorer, ce qui devrait m'inciter à passer encore plus de temps devant une cible pour limiter les échecs dus à mon manque de maîtrise. Mes efforts devraient donc aller croissant. Or c'est loin d'être toujours le cas, car je peux attribuer mes insuccès à la malchance, et me désintéresser de l'entraînement…

Rotter et ses successeurs ont pris pour hypothèse que l'attitude de la personne vis-à-vis du renforcement n'est pas une explication au coup par coup, mais une disposition générale de l'homme qui pense que les choses peuvent être contrôlées de façon *interne*, du fait de sa propre décision, ou qu'au contraire ce sont toujours des causes *externes* qui déterminent nos comportements.

Cette position est fortement marquée culturellement, puisqu'elle correspond à un système de représentations nord-américain partagé par la plupart des cultures occidentales qualifiées d'*internes*. De cette vision découle la conception du changement que nous avons exposée plus haut, et qui est le fondement de la plupart des outils de coaching. Mais, avec la mondialisation et le récent développement des échanges avec la Chine et l'Inde, nous nous trouvons en contact avec des civilisations qui sont résolument *externes*, et pour lesquelles la notion de changement est très différente de la nôtre, puisque « nul n'est maître de son destin ». Tout notre système conceptuel et nos outils doivent donc être révisés lorsque nous nous trouvons en contact avec des organisations (clients, filiales, etc.) dont le siège est en Asie.

4. CONCLUSION

Répétons-le : il faut être conscient que, par leur origine occidentale (Europe centrale) puis nord-américaine, puis enfin californienne, les principaux outils du coaching véhiculent une *certaine* vision du monde, qui convient à ce monde industriel occidental où la performance peut ne pas être partagée.

La demande croissante pour le coaching d'équipe semble indiquer, mais ceci reste à vérifier, que l'idée de mettre en commun, répartir, ou distribuer le succès est une valeur montante, que ce soit ou non par nécessité. Ainsi l'information, autrefois source principale du pouvoir, devient une ressource disponible à tous les niveaux. Certains diront qu'il s'agit là d'une stratégie gagnante, tandis que d'autres penseront que la technologie impose de toute façon ce choix. Quoi qu'il en soit, le sens de l'existence n'est pas le même selon qu'il est défini pour soi (option individualiste occidentale) ou pour un groupe (option orientale, dénommée « collectiviste » par les interculturalistes). Les coachs devront en tenir compte.

4

MÉTHODOLOGIE DU COACHING

Difficile de dire si l'on est perdu
lorsqu'aucune destination n'était fixée au départ…

Le coaching est un processus qui ne relève pas de la simple intuition. Il demande au contraire une extrême rigueur conceptuelle, mais exige également une grande souplesse dans son exécution. Les étapes sont en effet clairement identifiées, et chacune mobilise toute la créativité du coach. En effet, aucun des coachés ne ressemble à un autre, et aucune procédure rigide ne permettra d'enclencher le passage d'un *état actuel* non satisfaisant à un *état souhaité* conforme au désir du coaché, qui fait parfois l'objet de sa *demande manifeste*, exprimée dans le discours, mais qui, plus souvent, répond à une *demande latente* plus essentielle, même si elle reste implicite.

Comme le fait très justement remarquer François Délivré (2003), il faut se méfier du *héros de fer blanc*, idéal irréaliste du coaché masqué derrière sa *demande manifeste*, ensemble de désirs grandioses mais inaccessibles parfaitement illustré par la geste de Don Quichotte. Cette figure nuisible peut se glisser subrepticement dans l'analyse que fait le coach de la demande latente. Il faut également se garder de satisfaire les *besoins* du coaché, comme par exemple celui d'être materné.

La méthodologie du coaching couvre plusieurs aspects.

En premier lieu, il est nécessaire de se plier à une *démarche*, c'est-à-dire de rester au plus près d'un certain nombre d'étapes sans lesquelles le processus est incomplet, aussi bien d'un point de vue contractuel que déontologique et éthique.

En second lieu, cette démarche, exécutée sous la forme d'un certain nombre d'entretiens, doit être agencée en vue d'assurer le passage d'un état actuel, non satisfaisant, à un état plus conforme aux *désirs* du coaché. Cette mise en perspective constitue une véritable *stratégie*, comprenant des étapes intermédiaires et des remises en cause éventuelles, conduisant à un *objectif* final défini à l'avance.

Enfin, chacun des entretiens doit permettre d'atteindre des résultats au travers de ce que l'on pourrait nommer des *tactiques*, c'est-à-dire des séquences d'*interventions* visant à obtenir certains effets.

> *Exemple*
> Jules déplore de trop travailler sans que cela soit justifié par les impératifs de son poste, et ceci a pour effet de dégrader la qualité de sa vie familiale. Il confie que les tâches qu'il doit accomplir sont dépourvues d'intérêt et que les relations avec son supérieur sont tendues.
> La *demande manifeste* porte sur l'organisation du travail, mais se profile derrière celle d'une confiance en soi accrue, qui permettrait de changer les choses : c'est ainsi que Laurent, le coach, comprend la *demande latente*. Il décide de consacrer deux entretiens pour faire le tour du problème, deux sur la gestion du temps, avant d'entamer ensuite un travail sur l'assertivité.

De manière générale, le processus a pour objet une construction en commun, autrement dit une co-construction, mais de nature incitative. Une règle fondamentale pourrait s'énoncer ainsi : les solutions évoquées par le coach ont valeur 1, tandis que celles que le coaché découvre tout seul ont valeur 100. Tout l'art du coach consiste donc à en dire assez pour mettre le coaché sur la piste, mais suffisamment peu pour lui laisser le plus large espace de créativité.

On entend par « démarche » l'articulation des différents éléments de l'intervention du coach, depuis le premier appel de son client jusqu'à la conclusion du contrat. Elle peut se décomposer selon le schéma suivant :

- approcher le client ;
- comprendre la demande et circonscrire la problématique ;
- proposer le contrat de coaching ;
- réaliser le contrat de coaching.

1. Approche du client

Cette phase correspond à la recherche d'une situation de coaching. Plusieurs approches sont possibles.

1) Agir en *indépendant*. Dans ce cas, deux stratégies sont possibles : se définir une niche à prospecter de façon systématique, ou être sous-traitant d'un cabinet qui a les moyens de se faire connaître auprès de l'ensemble des

DRH. Les principales niches tenues par les coachs actuellement actifs sur le marché sont les suivantes.

– Le coaching de dirigeant. Nous avons vu qu'il est préférable d'avoir été dirigeant soi-même, et d'avoir un très bon carnet d'adresses. Ce type de coaching nécessite également un travail sur soi-même très approfondi, pour des raisons que nous avons évoquées (chapitre 2).

– Le coaching dans certains secteurs clairement circonscrits par une problématique. Le sport en est le meilleur exemple, mais quelques coachs ont choisi d'investir les coopératives agricoles ou les agences d'assurance.

– Le coaching dans les secteurs définis par un métier, par exemple les professions libérales telles que les comptables ou les notaires. Ce marché représente environ 600 000 petites entreprises.

– La fonction publique et ses sous-secteurs, par exemple celui de la Santé.

– Les particuliers, dans le cadre du *life coaching*, dont l'idée est de gérer sa propre existence comme si c'était un projet professionnel.

– Certaines catégories de problématiques des particuliers : perte d'emploi, départ en retraite, expatriation, création d'entreprise.

2) Agir au sein d'un *cabinet* qui, compte tenu de sa force, peut approcher des grands groupes et proposer des offres combinées (formation, conseil, programmes d'assistance aux employés, coaching de dirigeant, coaching d'équipe).

Le coach doit se présenter selon les spécialités ou domaines qu'il souhaite plus particulièrement investir. Les personnes ou entreprises qui le sollicitent suivent des voies très différentes : la plus naturelle est celle que le coach a lui-même établie pour se faire connaître – annuaire, annonce, publicité, site internet, collègues, amis et connaissances, anciens coachés, mailing, émissions de radio ou de télévision, cabinets de conseil, directions des ressources humaines des entreprises… Il a pu être sélectionné indirectement, ou directement après avoir répondu à un appel d'offre, ou encore à la suite d'une candidature spontanée.

In fine, le coach est *choisi*, *recommandé*, ou « *prescrit* ».

S'il est choisi, le coach initialise le parcours de la personne qu'il reçoit et exerce son activité selon l'esprit et la lettre de son *Code de déontologie*, ensemble de règles relatives à l'exercice du métier. Chaque groupement professionnel de coachs a le sien, mais les coachs qui sont par ailleurs psychologues cliniciens ou médecins se trouvent soumis à une déontologie beaucoup plus stricte que celle des sociétés de coachs auxquels ils appartiennent. S'il est mis en concurrence, il est possible que le choix en sa faveur donne lieu à une négociation qu'il importe de clore sans concession déraisonnable sur un plan financier ou éthique. Être choisi n'est donc pas toujours simple…

Dans les deux autres cas, un tiers *prescripteur* est intervenu entre le coach et la personne sur laquelle porte ces actes. Ce lien pèsera sur la relation dans tous ses aspects, car celui qui recommande ou qui prescrit pense être en mesure de juger de ce qui est nécessaire pour le coaché. Ce dernier peut donc concevoir l'idée que le coach n'est pas indépendant et adopter une attitude, par exemple exigeante, attribuée au prescripteur.

Exemples

Le cabinet d'outplacement X a des difficultés avec René, qui se montre rebelle. Il vous envoie cette personne qui s'effondre avec un air las dans un fauteuil et jette « *le cabinet X m'a dit que vous deviez m'aider* ».

Le DRH Z vous demande de prendre en charge monsieur Y qui doit occuper un poste important en Indonésie d'ici deux mois. Il s'agit d'en faire une « bête de combat ». Au premier entretien, Monsieur Y se montre manipulateur et exprime que ce qui l'intéresse, c'est d'améliorer ses techniques de domination et de manipulation.

Dans ces deux cas, le coach est instrumentalisé par le prescripteur, et ceci induit qu'il l'est aussi par le coaché au travers de mécanismes d'amplification perverse.

Il faut toutefois distinguer dans la pratique deux grandes catégories de situations.

D'abord, celles où le lien entre le tiers prescripteur et le coach ne fait pas l'objet d'un contrat. C'est le cas de notre premier exemple, où un acteur du monde du conseil considère que le coach lui est assujetti. Ce sont des malentendus qu'il faut prévenir en amont, dès le premier contact avec le réseau, en explicitant les termes du Code de déontologie. L'objectif est d'éviter les *prescriptions* abusives, au profit de simples *recommandations* : ce problème résolu, le coach dispose alors de l'espace nécessaire pour établir une relation conforme aux règles de sa profession.

Dans d'autres situations, il existe un lien contractuel entre le tiers prescripteur et le coach, comme c'est le cas dans notre deuxième exemple. Il faut alors analyser les liens entre le prescripteur et le bénéficiaire des interventions du coach, ainsi que ceux qui existent entre tous les autres acteurs. De nombreuses configurations peuvent être envisagées que nous ne pourrions examiner en détail, mais, en règle générale, il faut s'assurer de l'existence de contrats explicites et cohérents entre eux. À ce titre, le travail d'élaboration et de formulation des objectifs, des contenus et des processus est particulièrement important.

Vient ensuite le premier contact avec le coaché. Avant même d'aborder le contenu de cette rencontre, il est important de décider qui y participe : si le coach est choisi ou recommandé, il rencontre le coaché seul. Mais lorsque le coaching est prescrit, trois acteurs sont en scène, qui peuvent adopter trois configurations différentes pour initialiser le processus :

– le coach rencontre d'abord le prescripteur seul ;

– le coach rencontre d'abord le prescripteur seul, puis le prescripteur et le coaché ;

– le coach rencontre le prescripteur et le coaché.

Il est entendu que les entretiens suivants se déroulent entre le coach et le coaché seul. Il arrive toutefois que le prescripteur « convoque » le coach en cours de mission pour « faire le point ».

La décision d'accepter ou non l'une ou l'autre de ces approches dépend du contexte, et il est souhaitable que le coach fasse l'expérience de ses éprouvés et de ses capacités défensives au cours de sa formation, lors de jeux de rôle. Le risque est l'instrumentalisation ou l'assujettissement du coach par un prescripteur qui le déborde par son charisme ou sa position d'autorité. Bien souvent, le prescripteur n'est tout simplement pas au courant des règles déontologiques, et il suffit de les lui expliquer. Dans quelques cas néanmoins il agit de façon manipulatoire, ce qui doit être identifié afin de rétablir un fonctionnement normal de la relation tripartite.

2. Demande et problématique

Cette étape, la plus délicate, est celle sur laquelle butent nombre de coachs en formation. Les approches des différents organismes de formation sont différentes, ainsi que le vocabulaire employé, qui dépend de la référence conceptuelle principale. Nous nous efforcerons donc de bien préciser la terminologie employée dans cet ouvrage et les variantes les plus fréquemment rencontrées.

Tout d'abord, le coaché baigne dans un *état actuel* (ou « réalité ») qui concerne à la fois son fonctionnement personnel, son mode d'interaction avec autrui et avec son environnement (ou encore « système », « équipe », « organisation »). Il formule en général une *demande manifeste* (dite aussi « explicite », « exprimée », « officielle »), qui permet de définir avec lui un *état souhaité* (ou « désiré », terme issu de la PNL). Le *besoin* est parfois défini comme ce que doit satisfaire la demande manifeste, ou bien comme un impératif associé à la personne.

> *Exemple*
> Claude s'entend mal avec sa supérieure hiérarchique qu'il ressent comme brutale, et exprime la *demande manifeste* de trouver un mode de relation plus satisfaisant. L'entretien fait apparaître son *besoin* d'être materné.

La plupart des auteurs s'accordent sur le fait que le *problème* peut être défini comme l'écart entre l'état actuel et l'état souhaité. Le *réel* est parfois décrit comme l'ensemble formé par l'état actuel et la demande manifeste. Mais en arrière-plan de la demande manifeste se profile une *demande latente* (ou encore « implicite », « cachée ») qui reflète le véritable *désir* du coaché. L'écart entre demande latente et désir est défini comme la *problématique* du coaché.

Dans un premier temps, le coach devra recueillir des informations afin de distinguer ces différents éléments et pouvoir établir un *diagnostic*, portant sur la personne, son mode de relation ou son environnement. Puis, dans un deuxième temps, un travail de réflexion permettra d'identifier les *obstacles*, le *potentiel* et les voies permettant d'obtenir un *changement* durable. Ce travail n'est pas normatif : le coach n'est en effet ni un conseil, ni un formateur. Dans un troisième temps, enfin, il pourra proposer au client un *contrat* qui précisera les *objectifs* et les *critères d'atteinte*.

Au cours du processus, le coaché livrera de nouvelles informations qui viendront modifier la perspective initialement envisagée par le coach. Une bonne hygiène intellectuelle consiste à toujours avoir plusieurs hypothèses en tête, afin d'éviter le phénomène de *filtrage* – un mécanisme cognitif consistant à ne retenir que ce qui confirme les croyances et à négliger ce qui les infirme. Un coach est en effet comme un entrepreneur mandé pour réparer la fissure apparente dans le mur du salon : une visite de l'ensemble de la maison lui permet de savoir quelle est la cause de cette fissure, par exemple une fuite provoquant un affaissement du terrain, mais aussi d'identifier d'autres problèmes induits par la fuite ou par la fissure. Si la demande concerne la performance, il faut examiner, au minimum, l'hypothèse de la peur de l'échec et celle de la peur du succès.

Enfin, il est également indispensable d'anticiper sur le *sens* qui émergera du processus, et des *deuils* que le coaché affrontera.

Exemple

Georges, le coaché, formule ainsi son *état actuel* : « Je travaille trop », et la *demande manifeste* de travailler moins. Au cours d'un entretien exploratoire, Julie, le coach, identifie les éléments suivants :

– Georges ne sait pas exprimer un refus à son supérieur et accepte donc sans ciller toutes les tâches qui lui sont confiées ;

– il ne parvient pas à déléguer, surtout à certaines personnes, et préfère assurer lui-même certaines des missions qui lui sont confiées. Il a pourtant huit subordonnés, certains d'entre eux ayant même leur propre équipe ;

– il effectue des travaux hors de sa responsabilité, tels que des analyses de risque « pour le bien de la Société ». Mais, loin de lui valoir de la reconnaissance, il obtient en retour des réactions d'agacement. C'est d'ailleurs la phrase d'un membre du comité de direction (« Il y en a marre des analyses de Georges ») qui l'a décidé à consulter un coach.

Au détour d'une phrase prononcée rapidement et à voix basse, le coach entend que ce n'est pas si grave pour Georges de rentrer tard chez lui, car il ne s'entend pas bien avec son épouse. Il ne lui pardonne pas de s'être opposée à une mutation à Bombay à laquelle il rêvait depuis longtemps.

Nous voyons ici la *demande manifeste* (travailler moins) se traduire en un certain nombre de *problèmes* (savoir dire non, assumer la position de manager, se limiter à la seule mission), dont la résolution permettrait d'atteindre l'*état désiré* où la charge de travail serait moindre. Toutefois, ces problèmes reflètent une *demande latente* (plus grande affirmation de soi) qui, si elle était satisfaite, répondrait au *besoin* de Georges (la reconnaissance). Notons que l'aspect conjugal est maintenu hors du champ de l'analyse, mais que si Georges acquiert une plus grande confiance en lui-même, celle-ci aura probablement un impact sur sa vie personnelle.

Disposant d'une analyse préliminaire de la situation de Georges, Julie peut définir une première approche de sa stratégie. Elle décide d'adopter un plan de marche provisoire consistant à se donner deux entretiens pour finir d'explorer la problématique, puis deux entretiens consacrés au problème du « non », deux à celui de la délégation, et enfin deux à celui du besoin de reconnaissance.

Afin de construire de nouvelles hypothèses, le coach examine la situation du coaché dans son environnement et reste attentif aux éléments qui pourraient être de nature pathogène, comme un environnement stressant, une relation d'emprise, un deuil mal vécu ou des soucis familiaux. Les *problèmes* peuvent en effet exister au niveau de la personne elle-même (conflit intrapsychique, par exemple), au niveau de la relation entre cette personne et une autre (par exemple avec un supérieur particulièrement exigeant), au niveau de l'équipe (par exemple un fonctionnement d'équipe peu évolué créant des tensions et des pertes de productivité), ou au niveau de l'organisation (par exemple une culture d'entreprise trop centrée sur la tâche).

Au fil des entretiens, Julie découvre que le fonctionnement de l'équipe que dirige Georges est pollué par un de ses membres, opposant systématique dont le charisme terrifie Georges qui n'ose affronter ce personnage.

Notons que ce nouvel élément serait peut-être passé inaperçu si le coach n'était pas à l'affût d'indices relatifs à d'autres hypothèses. Mais l'introduction d'un personnage perturbateur suscite de nouvelles questions : par exemple, « Pourquoi l'équipe laisse-t-elle agir ce trublion ? » Le coach est donc sans cesse attentif aux pistes qui s'ouvrent sous ses pieds, parfois de façon très fugace.

3. Proposer le contrat

Il existe au sein d'un coaching trois contrats. Tout d'abord le *contrat formel* (ou encore « contrat d'affaire », ou, tout simplement « contrat »), qui est le document fixant les conditions juridiques et financières. Ensuite le *contrat relationnel* (ou encore « cadre contractuel »), qui n'est pas écrit, et qui définit les accords explicites entre coach et coaché relatifs aux contenus, outils, et règles de l'intervention. Enfin certains parlent parfois d'un *contrat inconscient* (ou encore « contrat secret ») qui lie le coach et le coaché. Il est vrai que le processus de coaching est par essence paradoxal, puisqu'une personne devient provisoirement dépendante d'une autre afin de devenir indépendante, ou autonome au sein d'un groupe ; ce premier paradoxe n'est d'ailleurs pas le seul, et l'entrelacs de ces inconciliables constitue la trame du contrat inconscient.

Une fois la stratégie définie, le coach peut proposer le *contrat formel.* Bien sûr, il reste une marge d'incertitude due au fait que toute l'information n'est pas disponible et qu'une nouvelle problématique peut apparaître. Mais, justement, le rédacteur du contrat (qui n'est pas obligatoirement le coach) doit s'efforcer de contenir les objectifs dans les limites de la demande manifeste, et donc se limiter à la description de l'état désiré sous une forme qui permette de le qualifier et, si possible, de le quantifier.

Par ailleurs, ce contrat formel doit comporter tout ce qui permet à l'entreprise et au coaché de comprendre la prestation proposée. Il doit ainsi expliciter les éléments suivants :

– description de la société qui emploie le coach ;
– références des intervenants ;
– situation rencontrée, historique ;
– prestation proposée : description, durée, fréquence des interventions, lieu des interventions, prix ;
– traitement des exceptions, comme les absences inopinées et les questions ;
– objectifs ;
– conditions de facturation ;
– clauses d'annulation et d'interruption ;
– recours ;
– droits de propriété ;
– Code de déontologie.

Le point-clé est l'explicitation des objectifs qui, si elle est suffisante, structure l'intervention et constitue la référence sur laquelle les trois parties (coach, coaché, prescripteur) peuvent s'appuyer. Trop détaillé, le contrat formel enferme les acteurs dans un cadre rigide ; trop vague, il laisse la porte ouverte à des attentes irréalistes, qui débouchent le plus souvent sur des arguties oiseuses.

Le *contrat relationnel* est formé d'un certain nombre de règles que le coach énonce et qui concernent le lieu, les horaires, les outils utilisés, la confidentialité, la déontologie, le respect mutuel, la spontanéité ainsi que les éléments spécifiques de la référence conceptuelle du coach.

Le *contrat inconscient* est une notion plus complexe, puisqu'elle se réfère à un assemblage de paradoxes que la relation de coaching partage avec la relation de soin. Le premier est que la situation suscite des attentes exploitées par le coach en utilisant son ascendant pour stimuler l'autonomie chez le coaché. Ce premier paradoxe : « Sois indépendant ! », ressemble fort au fameux : « Sois spontané ! » Le second paradoxe correspond au fait que le coach doit se limiter au minimum d'indications afin de laisser le coaché construire seul sa solution, mais qu'il ne peut le laisser totalement sans aide. Pour reprendre un proverbe chinois bien connu, apprendre à l'autre à pêcher implique de sortir soi-même quelques poissons de l'eau… Enfin, les règles du cadre (lieu, horaires, sincérité, spontanéité) limitent les comportements du coaché alors que toute sa créativité est mobilisée. Le coach doit donc se garder de rendre le processus confus en émettant des messages inconciliables, en particulier l'un, explicite, sur la liberté, et l'autre, implicite, sur les contraintes. Ces aspects ont été particulièrement étudiés par Alain Blanchet (voir Nathan *et al.*, 1998). Il constituent cependant un champ de recherches ouvert puisque, si la relation de soin a été analysée en profondeur, y compris lorsque celle-ci est perçue comme un don (Fustier, 2001), l'existence d'un contrat formel de type marchand dans le coaching et ses effets sur le contrat inconscient n'ont pas encore donné lieu à des réflexions ou des observations structurées.

4. Exécuter le contrat

Cette partie est souvent passée sous silence dans la littérature ou au cours des formations. Si la demande est correctement analysée, c'est-à-dire si les différents problèmes sont bien identifiés, il suffit en principe de décider dans quel ordre les traiter, avec quels outils (voir chapitre 5), et de définir les critères de succès pour chaque étape. Dans le même temps, de nouvelles informations peuvent conduire le coach à réactualiser son plan de marche. Le processus est donc une *exploration résolutoire*, en ce sens que se combinent la mise en œuvre de techniques visant à obtenir un changement et une *écoute* attentive, permettant de mettre à jour les hypothèses et d'en introduire de nouvelles si nécessaire.

Cette écoute est à la fois *flottante*, c'est-à-dire qu'elle n'est pas érigée comme un filtre et laisse toute liberté au coach quant aux hypothèses et solutions qu'il peut imaginer, et *active*, c'est-à-dire que le coach doit *reformuler* ce qu'il a compris afin de valider auprès du coaché que c'est bien ce que celui-ci a voulu dire. Ces quelques lignes sur l'écoute risquent de donner l'impression au lecteur qu'il s'agit d'un élément secondaire du processus : il n'en est rien, et l'écoute est sans aucun doute l'un des aspects les plus fondamentaux de la posture du coach.

> La brièveté du texte que vous, lecteur, lisez sur cet aspect fondamental, doit susciter un questionnement : « Si c'est vraiment aussi important, les auteurs devraient y consacrer des pages et justifier pourquoi c'est essentiel. Alors, pourquoi glissent-t-il si vite sur ce qui est au centre du processus ? »
> Eh bien, justement, la position d'auteur n'exclut pas la position de coach : « C'est là le point essentiel, mais nous ne vous en dirons que peu de choses. Prenez l'initiative de lire Carl Rogers, Socrate, Freud, et faites que l'écoute soit vôtre. Interpellez vos formateurs et votre superviseur, réfléchissez, interrogez-vous sur ce que veut vraiment l'autre. Si la formation peut vous aider, rien ne remplacera votre propre questionnement sur ce sujet… »

L'autre direction consiste à se demander quels sont les axes privilégiés pour passer de l'état actuel non satisfaisant à l'état désiré supposé gratifiant. Si la destination est claire, les chemins sont variés. Le coach peut porter son effort soit sur la *libération du potentiel*, soit sur la *levée des obstacles*. S'il s'agit d'un travail sur l'équipe, il peut s'intéresser aux *processus* ou au *leadership*. En d'autres termes, la destination est fixée par les objectifs, mais le chemin n'est pas défini à l'avance, comme c'est au contraire le cas dans la formation ou le conseil. Au « Je veux » du coaché, répond le « Bien sûr, c'est légitime » du coach (sauf si le coaché est pervers), puis un *silence*. Ce silence est un autre acte fondamental du coach : il crée un espace vide dans lequel le coaché peut se répandre et incite le coaché à devenir soi-même (voir chapitre 5).

Enfin, l'exécution du contrat est une invention du coach et du coaché, une co-création qu'il est difficile de conceptualiser tant elle est intime. Cependant la formation doit permettre de familiariser le coach avec les difficultés rencontrées au cours de l'exécution du contrat. C'est pourquoi nous proposons quelques modalités permettant cet apprentissage (voir chapitre 7).

5

LA BOÎTE À OUTILS DU COACH

Ne formuler aucune hypothèse
sur la problématique
du coaché est irresponsable.
Une seule hypothèse rend aveugle.
Plusieurs hypothèses sont nécessaires.

Au cours de la mise en œuvre de la méthodologie, le coach devra sélectionner parmi les outils ceux qu'il préfère et juge les plus efficaces, tout en développant au fil du temps une connaissance et une compréhension suffisante des approches qu'il néglige. Ainsi, un coach optant pour un référentiel cognitiviste (donc des objectifs mesurables, une grande transparence des moyens et un recours limité au subjectif) devra pouvoir s'accorder la liberté d'utiliser le paradoxe ou l'interprétation lorsque la situation est bloquée.

Ce chapitre n'a pas pour objet de donner une description détaillée des outils qui existe déjà dans d'autres ouvrages, mais plutôt d'en dégager les traits essentiels afin d'engager une réflexion sur : « Que faire si les outils que j'ai choisis sont inopérants ? » Les avantages et inconvénients de chaque approche théorique sont donc soulignés brièvement.

Ce que l'on appelle « outils » consiste en des constructions théoriques ou pragmatiques, accompagnées de méthodes pratiques et de techniques susceptibles de provoquer et pérenniser un changement.

Bien souvent, les coachs débutants sélectionnent un outil, parce qu'il leur plaît ou qu'ils sont familiers avec sa mise en œuvre, avant de se préoccuper de l'adéquation de cet outil avec la problématique et le but à atteindre. Posséder un outil demande un effort personnel significatif qui limite la palette des compétences du coach ; or les situations rencontrées exigent souvent de se familiariser avec de nouveaux concepts. En d'autres termes, le coach doit s'équiper des outils adaptés aux problématiques qu'il a choisi de traiter et être attentif aux évolutions de l'environnement susceptibles de modifier le catalogue des concepts qu'il doit savoir maîtriser.

Exemple
Léa est un coach qui a reçu une formation psychanalytique et qui a acquis de solides notions sur la théorie des systèmes. Elle utilise également l'Analyse Transactionnelle. Sa clientèle est constituée de dirigeants de petites entreprises dans le secteur vinicole, et elle pratique le coaching individuel, ou avec les équipes de direction. Son paysage est bouleversé lorsque ces PME développent des partenariats avec leurs homologues asiatiques, et en particulier chinois. Elle doit acquérir une expertise nouvelle, car les problématiques récurrentes concernent des conflits interculturels.

1. Le principal outil, c'est le coach lui-même

Les recherches entreprises en vue de comprendre les mécanismes en jeu dans les processus de changement (Nathan *et al.*, 1998), ainsi que les équipes qui se consacrent aux études comparatives sur ces processus sont très nombreuses. Entre une parole pure, désincarnée (comme un échange sur Internet), un entretien en face-à-face, une approche corporelle « douce » (comme la sculpturation), et des approches corporelles plus « intenses », s'étend tout un spectre de techniques, verbales ou non, faisant intervenir des personnes, des êtres vivants, des objets ou d'autres médiats dont le rôle, même s'il est parfois explicable, reste le plus souvent mystérieux : ainsi de l'influence du lieu et de son décor sur le processus, coaching ou thérapie, qui a été clairement mis évidence (Blanchet, 1994).

Par ailleurs, le *changement*, on l'a vu, peut être provoqué de diverses façons, chacune donnant lieu à des interprétations très différentes qui alimentent de vives polémiques entre spécialistes. Quoi de commun, en effet, entre la vision des systémiciens et celle des cognitivistes ? Chaque technique (Masse, 1999) a un point d'entrée différent dans le système cognitif et affectif humain : les visions du monde ou les univers référentiels offerts par les thérapeutes ou les coachs au travers de leur pratique sont toujours cohérents avec leurs modèles théoriques, mais les divergences entre les systèmes thérapeute/coach-théorie-technique permettent de supposer que la résolution du problème clinique n'est pas uniforme, même si le résultat apparent est que celui-ci est bien résolu. Les travaux montrent en effet que le modèle cognitiviste, par exemple, en s'attaquant de front aux pensées et croyances de la personne, parvient bien à les modifier et, par voie de conséquence, à faire disparaître les comportements et émotions inadaptées. Pour le modèle psychanalytique, les symptômes maquillent un désir inconscient que seul un travail sur l'affect peut révéler par la mise au jour de ce qui a été enfoui.

L'analyse des interventions verbales des thérapeutes ou coachs montre que chacun s'efforce de mettre en œuvre son modèle en proposant soit des locutions très claires et explicatives pour les cognitivistes, soit des déclarations peu lisibles, voire opaques, pour les psychanalystes. L'existence de changements chez la personne dans les deux cas montre que chaque modèle est opérant, mais il est difficile de comparer les transformations obtenues autrement que par l'observation des comportements qui ne représentent qu'une infime partie des modifications.

2. Quelques outils

Les *outils* assemblent le plus souvent un système d'*analyse de la situation*, complété d'une méthodologie pour *provoquer* et *évaluer* le changement.

L'analyse de la situation peut porter sur la *personnalité* du coaché, sur le *mode de communication* entre deux personnes, sur le niveau de fonctionnement d'une équipe, sur la maturité d'une organisation ou sur d'autres éléments encore. Cependant, la méthodologie pour provoquer le changement n'existe pas pour chaque outil, de même qu'une grille de lecture pour mesurer le progrès.

L'analyse de la personnalité du coaché est le plus souvent faite à l'aide de d'outils *catégoriels*, appelés également outils classificatoires, qui permettent de caractériser la personne à partir de l'observation de traits ou de comportements observables.

> Le DSM IV est un système classificatoire utilisé par les psychiatres et certains coachs pour l'établissement d'un diagnostic en principe indépendant de toute théorie. Ainsi, la *personnalité histrionique*, caractérisée par un niveau d'émotion excessif et une recherche de l'attention d'autrui, est identifiée lorsque la personne présente cinq ou plus des traits suivants :
> 1. Inconfortable si il ou elle n'est pas le centre de l'attention.
> 2. Séduction sexuelle excessive ou inappropriée.
> 3. Changements rapides et superficiels d'expression des émotions.
> 4. Utilise l'apparence pour attirer l'attention.
> 5. Style du discours excessivement emphatique et pauvre en détails.
> 6. Théâtralisme et expression exagérée des émotions.

7. Suggestibilité, personnalité influençable.
8. Considère que la relation est plus intime qu'elle ne l'est en réalité.

Le MBTI est un indicateur catégoriel mis au point par Katharine Briggs et sa fille Isabelle Briggs-Myers au début des années 1950. D'inspiration comportementale, il repose sur les concepts de Carl Jung, et caractérise la personnalité selon deux alternatives psychiques qui sont l'énergie (*introverti* ou *extraverti*) et le style (*jugement* ou *perception*). Les termes de la seconde alternative se scindent respectivement en *pensée* ou *sentiment*, et en *sensation* ou *intuition*. La combinaison des préférences conduit à un indicateur à quatre facteurs (par exemple : extraverti, sentiment, intuition, jugement). Des ajustements par pays prennent en compte les différences culturelles relatives à l'expression des émotions et au mode cognitif.

Il existe de nombreux autres indicateurs catégoriels permettant d'évaluer la personnalité. Citons notamment celui d'Eysenck (*Eysenck Personnality Index*), le 16PF (*Sixteen Personnality Factor*) de Cattell, et surtout l'étoile montante : le *Big Five* de McCrae et Costa, introduit en 1990. Cet outil mesure la personnalité selon cinq facteurs universels et stables : extraversion, amabilité, conscience, stabilité émotive et ouverture d'esprit.

D'autres systèmes, par exemple le DSQ (analyse du système défensif de Bond, 1983), le COF (« *Cultural orientation framework* » de Rosinski, 2003) ou le COI (« *Cultural orientation index* » de Training Management Corp.) sont dits *dimensionnels*, car ils se proposent de mesurer l'intensité de chaque trait sans faire entrer la personne dans une catégorie, comme la « personnalité histrionique ». Il existe, bien entendu, une correspondance entre les approches catégorielles et dimensionnelles.

Une approche comme l'Analyse Transactionnelle (AT) combine un modèle d'analyse de la personnalité avec un modèle d'analyse de la communication. Inventée en 1954 par le psychiatre Eric Berne, l'AT est fortement imprégnée des idées du courant comportementaliste, tout en restant inspirée de concepts psychanalytiques qui ont été considérablement simplifiés. Les principales notions sont celles d'« état du Moi », qui décrit le positionnement par rapport à l'autre, les « scénarios de vie », plan hérité de l'enfance dont une partie se répète lors des « jeux psychologiques », et enfin la « position de vie », qui est proche d'une vision du monde incluant la personne elle-même.

La programmation neuro-linguistique (PNL) ne comporte quant à elle pas de modèle d'analyse de la personnalité ou de la communication. Cette approche a été mise au point en 1972 par le linguiste John Grinder et le mathématicien Richard Bandler, qui pratiquait en outre la Gestalt-thérapie. La PNL a pour ambition de modifier des comportements ou attitudes négatives en utilisant la totalité de nos ressources. La méthode consiste à définir un *état désiré* et à chercher *comment* y parvenir, sans se préoccuper du *pourquoi*. La PNL recherche l'*intégration* d'autres théories existantes comme la systémie, les concepts cognitivistes et humanistes et certains aspects langagiers de la linguistique.

La Gestalt-thérapie a été construite dans les années 1950 par le neuropsychiatre Fritz Perls, qui a voulu introduire dans le processus psychanalytique une dimension corporelle et émotionnelle. Cette approche, qui ne comporte pas d'analyse de la personnalité, ambitionne l'inscription harmonieuse dans la globalité du monde. Ses méthodes intègrent des techniques verbales et non verbales qui ont pour objectif d'augmenter le niveau de conscience et l'expression des émotions.

L'ennéagramme, formalisé par le psychologue chilien Oscar Ichazo dans le courant des années 1970 à partir des travaux du spiritualiste George Ivanovitch Gurdjieff, permet une analyse de la personnalité selon une classification en neuf catégories. Les traits de caractère principaux d'une personne permettent de définir une catégorie de base qui s'accorde plus ou moins avec les autres, formant ainsi un modèle d'analyse de la communication.

Le *Process Communication Management* (PCM) a été inventé par le psychologue Taibi Kahler afin de gérer les processus de communication et, en particulier, d'éviter la mécommunication due au stress, lui-même causé par la non-satisfaction des besoins psychologiques. Le PCM comprend une analyse de la personnalité qui ressemble beaucoup au DSM IV et un système d'analyse de la communication qui est assez similaire à l'ennéagramme.

Il existe également des outils d'analyse de l'état des équipes. Le *Team Management System* (TMS), conçu par les consultants australiens Charles Margerison et Dick McCann, combine une analyse du profil individuel selon quatre directions (contrôleur, innovateur, explorateur, conseiller) avec une théorie de l'adéquation de ces profils au sein d'une équipe.

Les techniques comportementales et cognitives (TCC) ont été mises au point par les psychologues Albert Ellis et Aaron Beck et formalisées dans un ouvrage de Wolpe paru en 1958 sous le titre *Psychotherapy By Reciprocal*

Inhibition. Cette approche, très formalisée dans la psychothérapie (voir par exemple Ladouceur *et al.*, 1995), permet la résolution de problèmes individuels mais porte peu sur la communication.

La théorie des systèmes, quant à elle, n'est pas à proprement parler un outil, mais ce que l'on pourrait nommer un méta-outil. Ce n'est pas en effet une théorie de la personnalité qui aurait une extension groupale, ni une théorie du fonctionnement du groupe ou de l'équipe, mais une approche du changement.

Quant à la psychanalyse, elle offre au contraire, on l'a vu, une explication poussée du fonctionnement humain. Mais cette force est aussi sa faiblesse, puisque le subjectif y règne au point de la rendre suspecte auprès des pragmatiques que sont les prescripteurs au sein des entreprises…

3. L'UTILISATION DES OUTILS

Avant de choisir ses outils, le coach doit bien comprendre à quelles problématiques il sont le mieux adaptés. Si le tournevis est efficace pour visser, il est peu utile pour enfoncer des clous. De la même manière, certaines problématiques rebelles à un travail psychanalytique, comme les idées obsédantes, se résolvent parfois rapidement avec les techniques cognitives, lesquelles se révèlent peu opérantes face à d'autres problématiques.

Le champ du coaching impose en outre quelques contraintes supplémentaires par rapport aux actes de soin. La première vient du fait que le contrat de coaching est relativement court : les outils utilisés doivent donc avoir démontré leur efficacité. La seconde correspond à la nécessité de transparence qui caractérise la demande actuelle en provenance des entreprises. Les outils utilisés doivent être simples, compréhensibles et connus ; le MBTI, la PNL et l'AT correspondent assez bien à ces critères lorsqu'il s'agit de coaching individuel. La troisième contrainte tient à l'internationalisation croissante, qui impose des outils plus flexibles tenant compte des différences culturelles.

Maîtriser la plupart des outils disponibles (AT, PNL, Gestalt…) requiert un processus de qualification plus ou moins lourd. Ceux qui envisagent d'aller au plus profond d'un outil, ce qui peut demander un effort de plusieurs années pour la PNL ou la Gestalt, ont tout intérêt à acquérir également une solide base universitaire en psychopathologie clinique afin de pouvoir se distancier un peu de la référence principale et recourir, si nécessaire, à d'autres outils plus efficaces. Comme disait malicieusement un coach coréen : « Un excellent skipper sera tenté de rejoindre Lyon depuis Paris à la voile. C'est techniquement possible, mais au prix d'un considérable détour. »

4. LES INTERVENTIONS VERBALES DU COACH

Le coaching procède en général par une série d'entretiens. Chacun peut être vu comme une succession d'échanges verbaux entre le coach et le coaché, avec parfois ou souvent, selon les approches, des moments ludiques, des exercices faisant intervenir le corps ou des actes favorisant l'apparition des émotions.

Si nous nous intéressons à la seule communication verbale, il est possible, en particulier lors des formations, de visualiser le style du coach en repérant ses principaux modes d'intervention.

Exemple

Le coaché entame une séquence d'échanges par : « Je travaille trop ! » En réponse, le coach peut intervenir selon plusieurs modes, dont voici trois exemples.

Mode 1. Le coach : « Ah bon, pouvez-vous me décrire exactement votre emploi du temps ? »

Mode 2. Le coach : « Avez-vous le temps de penser votre temps ? »

Mode 3. Le coach : « Pourquoi ? »

Dans ces exemples, le coach a utilisé chaque fois une question, mais alors que celle du mode 1 est ancrée dans la réalité et appelle une réponse descriptive, les deux autres modes mobilisent chez le coaché des ressources plus évoluées. Le mode 2 propose indirectement une explication, tandis que le mode 3 est complètement ouvert.

De façon générale, les *interventions* du coach (questions, explications, etc.), ou *relances* pour certains auteurs, mobilisent différents niveaux de communication. En s'inspirant des travaux sur la pragmatique menés à l'université Paris 8 (Blanchet, 1991), nous pouvons proposer de classer comme suit les relances. Les unes concernent le réel ou le concret : nous les qualifierons de *référentielles*. D'autres peuvent s'adresser à l'imaginaire du coaché ou à son registre affectif : nous les nommerons *modales*. D'autres, enfin, font appel à un niveau symbolique ou complexe, que nous appellerons *supérieur* pour simplifier. Selon le niveau de communication adopté, le coach obtiendra des effets différents à l'aide d'un type de relance tel qu'une question. La combinaison de plusieurs modes permet en outre de développer une véritable stratégie du changement.

On peut ainsi distinguer un assez grand nombre d'interventions verbales possibles du coach, dont les principales sont les suivantes.

4.1 La question

La *question* est le moyen habituel pour obtenir de l'information, mais aussi pour amener le coaché à se poser lui-même des questions ou, comme plus haut, pour suggérer des réponses.

> *Question référentielle.* « Quand il a dit cela, qu'avez-vous répondu exactement ? »
> *Question modale.* « Quand il a dit cela, qu'avez-vous éprouvé ? » (Ou : « Qu'avez-vous pensé ? »)
> *Question supérieure.* « Quand il a dit cela, laquelle de vos valeurs a été attaquée ? »

Les recherches menées par Alain Blanchet (1991) montrent que les interrogations propositionnelles (« Est-ce que… ? » « Qu'est-ce que… ? ») et les interrogations catégorielles de type « pourquoi ? » suscitent des effets de résistance et des blocages. L'abus de relances interrogatives tend à ramener la personne dans le domaine référentiel (les faits) et à l'éloigner du domaine modal (les sentiments).

Ces blocages doivent normalement être évités, mais leurs effets sur la tonalité de l'entretien peuvent être recherchés par le coach. Celui qui a une orientation cognitivo-comportementale préférera éviter les dérapages affectifs, alors que ceux qui ont plutôt une sensibilité systémique ou psychanalytique rechercheront au contraire le « lâcher-prise » favorable au changement.

4.2 L'explication

L'explication consiste à proposer une cause ou une raison qui donne du sens. Au niveau référentiel, ce peut être une description technique ou bien une *analogie*, c'est-à-dire quelque chose dont le fonctionnement ressemble à ce dont on parle. Au niveau modal, il est possible de faire appel aux capacités imaginatives ou affectives de la personne au moyen d'une *anecdote*. Au niveau supérieur, l'explication prend la forme d'une *métaphore*, c'est-à-dire, pour les linguistes ou les psychanalystes, un glissement de signifiant ou, pour les cognitivistes, le passage d'une représentation conceptuelle ou imagée à une autre.

> *Explication référentielle.* « Il est fréquent qu'un supérieur péremptoire provoque de l'agacement, voire de la colère. »
> *Analogie.* « Vous savez, pour certains le temps est une ressource, comme l'argent ou l'énergie. »
> *Anecdote.* « De Gaulle n'a jamais supporté qu'on lui donne des ordres. »
> *Métaphore.* « Votre patron, ce n'est pas un loup qui dirige une meute, c'est un dragon… »

Il est clair que ces différents niveaux d'intervention ne vont pas provoquer les mêmes réactions cognitives et affectives chez le coaché. Une cohérence au sein de la séquence des interventions est donc absolument nécessaire, et c'est la référence théorique du coach qui constitue le fil rouge du mode de ses interventions.

4.3 La réitération

La réitération est une technique consistant à reprendre ou répéter ce que le coaché a dit ou exprimé. Elle confirme à celui-ci que le coach écoute avec attention, ce qui le rassure et l'invite à poursuivre dans la même direction. La réitération forme une sorte de cocon confortable et rassurant.

> *Réitération référentielle (aussi qualifiée d'*écho*)*
> « Mon salaire est trop bas.
> – Trop bas… »
> *Réitération modale (aussi qualifiée de* reflet*)*
> « Là, j'étais vraiment triste.
> – Vous étiez vraiment triste… »
> *Réitération supérieure (parfois qualifiée d'*allégorie*)*
> « Je ne sais plus où je vais.
> – Vous êtes perdu… »

Comme dans les exemples ci-dessus, le ton permet de souligner un mot, ou bien une petite modification introduite par rapport aux propos exacts du coaché. Dans ce cas, outre la réassurance, la réitération peut renvoyer quelque chose de violent au coaché, comme un retour de volée au tennis, ce qui permet de déclencher une prise de conscience.

4.4 La déclaration

La déclaration est une affirmation relative au coaché lui-même ou à sa situation par rapport à l'environnement. Cette catégorie d'intervention doit être utilisée avec précaution, car il s'agit d'une forme intrusive, particulièrement aux niveaux modal ou supérieur, car le coaché peut considérer à bon droit que le coach ne sait rien de ce qu'il pense ou éprouve.

Dans le registre référentiel, la déclaration, aussi nommée *complémentation*, oppose une cause à des faits. Au niveau modal, on parle parfois d'*intrusion*, car le coach se permet de porter un jugement sur le fonctionnement intime du coaché. Enfin, au niveau supérieur, la déclaration, qualifiée d'*interprétation*, est considérée par les psychanalystes comme la forme suprême d'intervention propre à provoquer le changement. Il s'agit alors d'une technique d'utilisation particulièrement délicate car elle exige de réunir des conditions précises pour être efficace.

> *Complémentation*
> « Je travaille tard.
> – Peut-être êtes-vous mal organisé… »
> *Intrusion*
> « Je travaille tard.
> – Vous croyez sans doute qu'on vous apprécie pour cela… »
> *Interprétation*
> « Je donne trop d'importance au travail.
> – Comme le faisait votre père… »

La déclaration, qui est une forme d'envahissement de l'autre, exige que le coaché soit prêt à accepter cette violence, soit parce qu'il a une grande confiance dans le coach, soit parce que l'intervention survient lors d'un instant de grande émotion qui le rend perméable. Lorsqu'une interprétation est efficace, il y a entre les deux personnes un accordage affectif similaire au réglage sur une fréquence radio : le coach cherche, et soudain se sent en phase ; ce que dit l'autre fait alors sens, et il est en mesure de proposer une interprétation.

Il est sain de présenter la déclaration comme une hypothèse et non comme une certitude péremptoire. C'est précisément sur ce point que se différencie le coach du gourou, qui prétend détenir une vérité sur l'autre.

4.5 La métacommunication

La métacommunication consiste à communiquer sur la communication elle-même. Si elle frôle parfois l'analyse du transfert pratiquée au cours d'une psychanalyse, elle s'en distingue néanmoins par le fait que l'intervention ne concerne pas le rôle que joue le coach pour le coaché ni le mode de relation, mais l'échange.

> *Métacommunication référentielle ou* explicite. « Je ne vois pas ce que vous voulez dire exactement. »
> *Métacommunication modale ou* implicite. « Je ne vois pas ce que vous sous-entendez. »
> *Métacommunication supérieure ou* conceptuelle. « Nous sommes vraiment dans une impasse. »

La métacommunication est assez prisée de tous ceux qui ont une référence systémique ou humaniste. Grâce à elle, le coaché peut en effet percevoir les failles de son mode communicatif et les corriger. Au niveau supérieur, cette intervention permet de débloquer une situation ou de provoquer un changement ; au niveau modal, le coach peut dévoiler au coaché ses propres éprouvés par un *feed-back*, ce qui permet à celui-ci de comprendre comment il est perçu par les autres.

> *Feed-back.* « Vos retards systématiques commencent à m'interpeller : j'ai l'impression que vous cherchez ainsi à me dire quelque chose… »

4.6 Le recadrage

Le recadrage est un type d'intervention fréquemment utilisé par ceux qui ont une référence systémique. Il implique une « affiliation » au système de pensée du coaché par le coach. Le concept d'affiliation, issu du *courant structural* au sein de la systémie, se réfère à la position de leader que prend l'intervenant en rendant explicites les règles implicites du système (Balta, 2001).

Recadrage référentiel ou comportemental
« Il m'a menacé.
– Mais il me semble que vous aussi étiez agressif. »
Recadrage modal ou de point de vue
« Il a menti sur les bénéfices.
– Il ne pouvait sans doute pas faire autrement. »
Recadrage supérieur ou de sens
« Le patron a perdu toute vision du long terme.
– Avec le plan social en cours, ce n'est sans doute pas sa priorité. »

La perspective nouvelle offerte par le recadrage permet au coaché de sortir du cadre de référence et d'envisager des solutions auxquelles il n'aurait pas pensé autrement. Une forme suprême de recadrage est le *jeu de rôle*, où le coach prend la place du coaché et demande à celui-ci de prendre celle d'un personnage qui lui pose problème.

Exemple
Julien a des difficultés avec son supérieur hiérarchique dont il critique les décisions opérationnelles, comme celle d'abandonner la commercialisation d'un produit que Julien a conçu. Martine, son coach, connaît bien Julien et peut facilement imiter son style et sa façon un peu agressive de présenter un projet. En jouant le rôle de son propre patron, Julien prend conscience de l'image qu'il donne et des difficultés que cela pose à ses interlocuteurs.

4.7 La prescription

La prescription est une intervention très fréquemment utilisée par les coachs de référence systémique. Dans sa version la plus simple, il s'agit d'une tâche que le coaché doit effectuer, ou d'un comportement qu'il doit adopter envers et contre tout afin de constater, par exemple, que les effets ne sont pas aussi terribles qu'il l'imaginait.

Prescription référentielle ou conseil. « La semaine prochaine, au lieu d'être en retard, arrivez donc en avance au comité de direction. »
Prescription modale. « S'il vous agresse, restez de glace et souriez. »

Prescription supérieure ou énigme. « Efforcez-vous de comprendre pourquoi il a fait cela. »

Dans la version la plus élaborée de la prescription, ce qui est prescrit est *paradoxal*. Plusieurs approches sont possibles, comme par exemple accentuer le problème sur ordre (« plus de la même chose »), ou forcer l'autre à se rendre maître du problème alors qu'il n'a aucun moyen de le contrôler (« être maître du problème »). La prescription paradoxale, développée par l'école de Palo Alto (Watzlawick, 1975) provoque un travail psychique que l'on pourrait résumer ainsi : « Comment se fait-il que je suis incapable de faire sur ordre ce que je cherche à éviter ? » Ce type d'intervention, correctement maîtrisé, est redoutablement efficace.

« Plus de la même chose »
La demande du coaché : « Je ne peux pas m'empêcher de travailler jusqu'à 21 heures, il faut que ça change ! »
« À partir de maintenant, je vous prescris de travailler jusqu'à 22 heures, quoi qu'il arrive. » Si le coaché obéit, il est alors possible de mettre en évidence par une interprétation sa soumission à une autorité. S'il se rebelle, le but est atteint et il suffit de lui en faire prendre conscience. Dans les deux cas, le problème est résolu.
« Être maître du problème »
« Vous dites que les querelles avec Untel deviennent insupportables. Désormais, ces disputes doivent être limitées au mercredi après-midi seulement. Tous les autres jours, vous ne vous laisserez pas entraîner dans un conflit avec lui. »

Les deux interventions ci-dessus sont efficaces en cas de transfert moyen (voir chapitre 6). Si le transfert est très positif, le coach peut provoquer le coaché afin de lui faire prendre conscience qu'il est en mesure de surmonter seul le problème, en lui déclarant par exemple ne pas voir pour sa part comment le résoudre.

4.8 Le silence

Le silence du coach oblige le coaché à imaginer ce qu'il peut bien signifier. Alors qu'un des messages du coach est que l'implicite ou le sous-entendu créent une rupture de la communication préjudiciable à une saine relation avec autrui, il utilise justement le silence qui, dans notre civilisation occidentale, est souvent perçu comme gênant, voire agressif. Si d'autres cultures le voient comme un signe de respect ou comme un espace laissé à l'autre pour construire sa réponse, les Européens ou les Américains, en effet, le redoutent ; mais l'anxiété qu'il suscite peut être structurante.

Silence référentiel
« Alors, je suis sorti en claquant la porte. »
(Silence.)
Silence modal
« Cette fois, enfin, j'étais vraiment en colère. »
(Silence.)
Silence supérieur
« C'est curieux, tout me paraissait soudain futile… »
(Silence.)

Dans le champ référentiel, le silence est un encouragement à apporter plus d'information sur la situation. Il a alors un effet proche de celui de l'*écho*. Les silences de niveau supérieur ajoutent quant à eux une dimension de dramatisation à la parole du coaché : le vide que laisse le coach en ne disant rien peut permettre la mise au jour de problématiques jusque-là écartées et encourager le coaché à « sortir les tripes ».

Il ne faut cependant jamais perdre de vue que le silence a souvent une connotation agressive et qu'il ne faut pas en abuser. L'espace ouvert pour la parole du coaché est parfois ressenti comme un gouffre angoissant, aussi bien par l'un ou l'autre des interlocuteurs. Cette dimension peut être travaillée au cours des formations, en obligeant celui qui joue le coach lors d'un jeu de rôle à ne rien dire.

4.9 Autres interventions

Il existe un assez grand nombre d'autres modes d'interventions, verbales ou non, que nous ne pouvons détailler ici. L'Analyse Transactionnelle, par exemple, envisage des *permissions* formelles qui sont les réponses à des séquences comportementales automatiques nommées « *drivers* ». Par exemple, à « Sois parfait ! » correspond « Sois comme tu es ! » (Stewart et Joines, 1998). Le toucher, le rire, l'hyperventilation sont autant de moyens de faire accéder le coaché à un état de plus grande perméabilité propice au changement. De manière générale, de telles interventions sont directement dérivées des concepts que nous avons présentés lorsque nous avons traité des « outils ».

4.10 Le temps

Les interventions doivent être utilisées au bon moment, et la *gestion du temps* est un levier essentiel du métier de coach. Le bon moment est celui où le coaché est prêt à entendre, où l'effet sera maximum et déclenchera, si possible, une prise de conscience intense.

> *Exemple*
> Claire a été promue directrice dans une grande entreprise et bénéficie d'un coaching de prise de poste. Au fil des entretiens, le coach remarque que la jeune femme évoque fréquemment les signes de son nouveau statut, bureau, voiture, voyages, ainsi que les problèmes opérationnels liés à la réussite des nouvelles missions qui lui ont été confiées. Jamais les relations avec ses subordonnés ne sont abordées, et le coach se demande : « Ces personnes existent-elles ? » Claire ne mentionne pas non plus le plaisir qu'elle tire ou pourrait tirer du fait d'être entourée d'une équipe opérationnelle et motivée.
> Ce thème du sens que Claire donne à sa position de dirigeant, Patrick, le coach, va se garder de l'aborder immédiatement. Tout d'abord parce qu'il sent que Claire va probablement se sentir prise en défaut, mais aussi parce qu'il doit lui-même élaborer ce que cette découverte signifie. Son superviseur l'a plusieurs fois alerté sur l'envie que suscite chez lui les privilèges des dirigeants, et il doit donc se préparer à une intervention neutre là où justement il rencontre sa propre faille.

Toutefois, alors que certains coachs sont convaincus que toute intervention importante doit être gardée en réserve afin de choisir le « bon moment » pour la délivrer, un autre courant de pensée prône l'*intuition* ou encore une sorte de *force libératrice* qui permet de proférer dans l'instant la violence nécessaire au changement. Les premiers sont plutôt orientés vers les théories cognitivistes, tandis que les humanistes préfèrent la seconde solution. Les psychanalystes évoquent pour leur part le fait qu'une bonne interprétation est une « folie », c'est-à-dire une production issue de l'inconscient.

Dans tous les cas, il y a accord sur le fait que le changement exige une synchronisation entre l'intervention et une émotion (ou un affect) ressentie par le coaché. C'est par la conjonction du ressenti et de la mise en mots explicites que se produit le basculement d'une représentation à une autre.

4.11 Intervention ou manipulation ?

Bien souvent, le reproche fait aux techniques articulées sur la pragmatique est qu'elles sont manipulatoires, et qu'il s'agit en fait de rhétorique. Ici réside une grave confusion. En effet, il ne faut pas perdre de vue que, comme dans tout acte d'aide ou de soin, le coaching vise à provoquer une modification correspondant au « désir désiré » du coaché. Par ailleurs, nous savons, par les innombrables travaux menés dans le cadre de la psychologie sociale (Beauvois et Joule, 2000), que le processus d'influence est de piètre efficacité lorsque le sujet n'est pas consentant, mais qu'il peut être opérant lorsqu'il correspond à une demande.

C'est précisément parce que cette perméabilité de la personne en demande éveille les désirs inconscients du coach qu'il est *exigé*, et nous insistons là-dessus, que le coach se soumette au regard extérieur d'un superviseur, lequel saura discerner les risques encourus par le coach et le coaché.

4.12 La recherche de l'effet

Les interventions verbales du coach sont susceptibles d'avoir un effet isolément, ou bien lorsqu'elle sont articulées selon des séquences. Comme nous l'avons mentionné plus haut, certains éléments apparaissent au cours de l'entretien, que le coach peut décider de garder en réserve pour plus tard ou bien relever dans l'instant.

La perche et le brochet. Il s'agit d'une analogie avec les conduites de deux espèces animales : la perche, rapide, suit sa proie au plus près, tandis que le brochet, extrêmement vif, préfère attendre le moment propice tapi dans les herbes.

> *Exemple*
> Léonore coache Benoît, et le thème de l'entretien est le conflit entre celui-ci et sa secrétaire, une femme indisciplinée et désinvolte.
> « Que se passe-t-il exactement ? demande Léonore.
> – Elle fait tout pour m'agacer.
> – Mais quoi, par exemple ?

– Eh bien, m'apporter le courrier important à la dernière minute.
– La dernière minute avant quoi, exactement ?
– Avant l'arrivée du client : je n'ai même pas le temps de lire la lettre !
– Si je comprends bien, elle a pris le pouvoir sur vous et vous l'avez accepté... »

Cette séquence illustre l'*approche du brochet* : Léonore a bien compris le jeu manipulatoire de la secrétaire, et entame une série de *questions référentielles* qui ont pour but de dessiner une représentation factuelle de la situation avant de délivrer l'*interprétation* finale, inattendue, qui doit faire choc.

Cette fois, le thème de l'entretien est le conflit entre Benoît et son chef direct, un homme autoritaire et envahissant.
« Comment pourriez-vous définir la relation avec votre directeur ? demande Léonore.
– Que voulez-vous dire ?
– Eh bien, pourquoi ne pouvez-vous entamer un dialogue avec lui ?
– Il n'écoute pas ce que je dis.
– Qu'éprouvez-vous dans ce cas ? »

Dans cette seconde séquence, les questions de Léonore restent au plus près du champ affectif, imaginaire ou symbolique, et orientent le coaché vers l'expression de son ressenti et la définition de la problématique. C'est la *stratégie de la perche* qui, selon les courants théoriques, se développera différemment : dans le contexte systémique, le coach cherchera tout d'abord à *s'affilier* au monde du coaché afin de pouvoir le modifier ensuite ; dans une optique psychanalytique, le coach s'accordera avec la pensée du coaché par son écoute dite « flottante », qui ressemble un peu à l'accordage d'un poste de radio sur une station émettrice, puis délivrera une interprétation au moment opportun.

4.13 Séduction et violence

Le coaching vise à produire un changement chez le coaché : cette transformation est une remise en cause désagréable, mais qui conduit à une situation plus riche et plus satisfaisante. C'est un peu comme s'il fallait changer de costume par grand froid : il y a un moment difficile lorsqu'il faut se dévêtir... Le coaché a donc tendance, consciemment ou inconsciemment, à résister. Face aux résistances, les coachs ont le choix entre deux voies : la *séduction* ou la *violence*. Ces deux mots peuvent paraître provocateurs, et on peut encore les traduire autrement : la voie *maternelle* et la voie *paternelle* ; ou encore l'approche « *push* », pousser, et l'approche « *pull* », tirer.

Afin de convaincre l'enfant d'aller à l'eau pour apprendre à nager, le papa dira « Vas-y, saute ! » (*push*), et peut-être le poussera, tandis que la maman préfèrera quelque chose comme : « Allons, viens, l'eau n'est pas si froide » pour l'y attirer (*pull*).

Lorsqu'on parle de violence, il s'agit de celle que peut ressentir le coaché en se découvrant lui-même au détour d'une intervention du coach. Par l'interprétation, le recadrage ou la métacommunication, qui sont les modes les plus efficaces, le coaché peut en effet se voir tel que l'autre le voit et donc, peut-être, tel qu'il est, ce qui est d'une extrême violence.

Exemple
Lors d'une séquence où il joue le rôle de sa secrétaire tandis que le coach joue celui de Luc, celui-ci prend soudain conscience de sa brutalité à l'égard des autres qu'il moleste sous prétexte d'efficacité. Il découvre en même temps qu'il n'est que rarement lui-même, car il adopte en permanence le comportement de ce qu'il pense être le manager moderne. Il confond ainsi assertivité et exigence capricieuse.

Ces prises de conscience du coaché se révèlent quelquefois difficiles, et le coach peut de ce fait ressentir un sentiment de culpabilité trop intense. L'autre voie est alors la séduction, c'est-à-dire l'utilisation d'*encouragements*, de *renforcements* ou de *permissions* (terme utilisé en Analyse Transactionnelle). Cette voie plus incitatrice est tout à fait dans l'esprit des théories humanistes, tandis que la première est plus procédurale et correspond aux racines cognitivistes, systémiques ou psychanalytiques.

Enfin, une question connexe très largement débattue au sein de la communauté des coachs, mais aussi parmi les thérapeutes, est celle de la genèse du choix d'un type d'intervention. Les uns parlent d'une nécessaire *intuition* que doit posséder le coach, proche d'un processus d'*inspiration* telle que le connaissent les créateurs d'œuvres artistiques. Mais, pour les coachs dont la référence est cognitiviste, il s'agit là de colorations émotionnelles subjectives provoquées par la relation à l'autre et qui sont dangereuses pour le coaché. Dans cette référence théorique, la seule approche possible est de se conformer à une *méthode*.

6

QUELQUES PIÈGES ET DIFFICULTÉS D'UN COACHING

Ce qui se passe entre coach et coaché
est un résumé de la vie du coaché.

1. NE PAS INFLIGER SON DÉSIR

Principe fondamental : le coach, tout comme le thérapeute, doit à tout prix éviter d'*infliger* son propre désir au coaché, tout comme le thérapeute doit se garder d'*infliger* le soin. En d'autres termes, la demande du coaché doit être respectée et le coach ne doit pas tenter d'y glisser autre chose venant de lui-même.

Le verbe « infliger » est certes très fort, et il peut même choquer. Mais il correspond à une réalité parfois observée au cours des supervisions. Ce problème peut concerner différents domaines de la relation entre coach et coaché ; dans certains cas, il sera lié à des phénomènes transférentiels que nous analyserons plus loin dans ce chapitre. Un cas typique consiste néanmoins dans le placage des valeurs et croyances du coach sur le coaché. En effet, il peut tout à fait arriver que les croyances politiques, religieuses, ou culturelles du coaché heurtent le coach. Il est alors à craindre que ce dernier ait la tentation de profiter de sa position influente pour introduire ses propres croyances et valeurs dans le processus de changement.

Exemple

Alfred, chef d'une entreprise de 1 000 personnes, se trouve suite à une fusion à la tête d'une entité de 5 000 personnes, plus complexe car internationale. Il a jusqu'ici été un dirigeant efficace et apprécié. Soucieux de prendre au plus vite la mesure de ses nouvelles responsabilités, il entreprend un coaching de prise de poste avec Julie, coach depuis dix ans. De par ses racines familiales, Alfred considère que les femmes ne doivent pas travailler et que leur place est au foyer afin de s'occuper de la famille. Julie nourrit des valeurs exactement inverses, qu'elle défend au sein d'associations féministes. Au lieu de s'intéresser aux origines des croyances d'Alfred, elle commet l'erreur de les heurter violemment de front.

La déontologie et l'éthique forment des remparts indispensables pour éviter les pièges de ce processus. Leurs principes doivent être pensés puis explicités, c'est-à-dire mis en mots, par le coach. L'expérience montre en effet que la position intuitive, quoique souvent généreuse, véhicule des désirs archaïques toujours dangereux pour le coaché.

2. Dans les plis de la relation d'aide

La caractéristique de cette forme d'interaction qui existe entre le coach et le coaché, et que l'on nomme parfois *relation d'aide,* est sa dissymétrie. En effet, l'un est demandeur et apporte son problème, tandis que l'autre a pour fonction de contribuer à la résolution des difficultés du premier.

Ce qui est mobilisé dans la relation d'aide est complexe : de nombreux mécanismes interpersonnels viennent en effet s'y greffer pour la déterminer, et souvent la rendre problématique. Nous pouvons distinguer trois catégories de mécanismes :

– Les *défenses du Moi*, c'est-à-dire les moyens déployés par la personne afin de maintenir son propre équilibre global, seul ou en relation avec autrui. La psychanalyse en a identifié de nombreuses, comme par exemple le *déni*, l'*identification* ou la *projection* ; on peut également y inclure les mécanismes de *somatisation*, comme la conversion hystérique ou les troubles psychosomatiques. L'école psychanalytique de Paris range en outre dans cette catégorie l'évacuation des tensions internes, par des conduites ou par des traits de caractère. Le cognitivisme a conceptualisé de façon un peu différente le système défensif, en établissant un lien entre le système des représentations et connaissances et celui des émotions.

– Les *phénomènes transférentiels*, c'est-à-dire les rôles donnés à l'autre, qui sont reconnus par la plupart des courants. Ils comprennent le *transfert* et le *contre-transfert*.

– Les mécanismes d'appartenance et d'*identité sociale*, notions développées par le cognitivisme, comme la culture nationale, la culture d'entreprise ou les liens avec des groupes socio-économiques ou socio-culturels de type politique ou religieux.

> *Exemple*
> Léon est directeur financier dans une grande entreprise internationale du secteur de la mode. Sa personnalité est de type obsessionnel (DSM IV), travaillomane (PCM), ou bien « base 5 » (ennéagramme). En relation avec autrui, son *mode défensif* utilise beaucoup l'*intellectualisation* et la *projection*. L'autre est assez souvent perçu comme persécuteur, comme l'étaient certains acteurs de son enfance (père, institutrice), et Léon a développé de nombreux préjugés relatifs aux personnes de milieu socio-culturel différent du sien qui n'adhèrent pas à sa vision du monde.

Toutes ces notions sont issues de la théorie psychanalytique. Elles ont néanmoins été en de multiples occasions reprises, modifiées, enrichies et parfois galvaudées par les innombrables concepteurs d'outils, de techniques thérapeutiques ou de méthodes de développement personnel.

2.1 Les défenses du Moi

Les *défenses du Moi* sont des mécanismes intra-psychiques dont la fonction est de réguler le fonctionnement intérieur de chacun. Dans la relation de coaching, plusieurs défenses sont particulièrement mobilisées du fait que le dispositif dissymétrique, comme dans toute relation d'aide, favorise les mécanismes les plus archaïques.

L'*identification* du coach par rapport au coaché consiste à se demander : « *Si j'étais à sa place*, que ferais-je pour résoudre ce problème ? » Ce mécanisme automatique part de l'idée que les autres devraient toujours embrasser nos croyances, alors que bien des différences séparent le coach et le coaché : sexe, âge, statut, personnalité… Le coach doit au contraire chercher à endosser le système de valeur du coaché et se poser la question sous la forme suivante : « *Si j'étais lui (ou elle),* que pourrais-je faire ? ».

Cette position est toutefois difficile, car la situation peut ressembler à quelque chose que le coach a vécu et qui a été douloureux. La tentation est forte, alors, d'orienter le coaché vers la solution qui aurait satisfait le coach dans le passé.

Un autre cas de figure est celui où le coach s'identifie à l'un des acteurs de la situation.

Exemple
Lise coache Denis, qui dirige une entreprise de services. Denis évoque les difficultés qu'il rencontre avec une de ses employées, enceinte, qui se montre exigeante au point d'être odieuse afin d'obtenir des avantages indus. Lise, qui vient d'avoir un enfant, s'identifie à l'autre femme et son travail de coach se trouve biaisé par cette position intérieure qu'elle a adopté sans s'en rendre compte, car elle cherche à convaincre Denis que c'est lui qui est le manipulateur.

Pour éviter cette forme d'identification, il faut garder à l'esprit que l'absent n'est pas là pour confirmer ou infirmer ce qui est dit de lui par le coaché. Il faut parfois même le préciser, dès lors que le coaché sollicite, de façon implicite ou explicite, l'arbitrage du coach.

Il existe une troisième forme d'identification plus subtile, consistant à s'accorder sur une personnalité apparente que présente le coaché. Certaines personnes ont en effet développé dans la petite enfance une personnalité de façade, en général très conformiste, permettant de se protéger d'un environnement particulièrement exigeant. Un coach aguerri est attentif aux véritables désirs du coaché, puisque c'est l'objet de la rencontre, mais cette aptitude à l'écoute de l'authentique peut être moindre si le coach n'a pas effectué un travail suffisant sur lui-même : sensible à la soumission ou à la séduction de l'autre, il peut se laisser abuser.

La *projection* est une autre défense, présente chez tous les individus. Elle consiste à attribuer à l'autre la partie de soi-même qui pose problème. « C'est celui qui dit qui l'est », ont coutume de rétorquer les jeunes enfants à leurs pairs. La projection provoque chez l'autre une sensation d'envahissement ou d'intrusion, et ses effets sont particulièrement désagréables lorsque celui qui projette est dans une position haute au sein d'une relation dissymétrique – autrement dit, si le coach est celui qui projette. Dans ce cas, la projection sera très mal ressentie par l'autre et le paralysera. Aussi le coach doit-il s'interroger sur ses propres émotions et désirs, afin d'être assuré de ne pas les plaquer sur son client : là encore, seul un travail approfondi sur lui-même le permet.

Exemple
Véronique explique à Sabine, son coach, combien elle souffre de l'attitude de l'un de ses subordonnés qui se montre indiscipliné, agressif et parfois même insolent. Sabine pense alors que Véronique se montre bien trop passive, mais hésite à lui dire.
Sabine sait pourtant que, dans sa propre histoire, elle a croisé une telle personnalité malfaisante et en a été profondément blessée. À cette époque, elle n'a pas su réagir et se reproche encore sa propre passivité. Analysant son propre ressenti, elle se rend compte qu'elle projette cette passivité sur Véronique.

L'*identification projective* est un processus qui combine les deux défenses décrites ci-dessus, identification et projection. Une projection a lieu dans un premier temps, suivie d'une identification permettant de se regarder soi-même ; enfin une réaction, non pas selon son propre désir ou ses propres émotions, mais selon ce que l'on pense que l'autre ressent. Ce mécanisme explique notamment l'agressivité de celui qui a commis une faute : il projette sa culpabilité, puis s'imagine être l'autre qui reproche et répond à cette agressivité construite de toutes pièces par de la violence.

Exemple
Sabine, le coach, a malencontreusement divulgué au prescripteur un élément de ses entretiens avec Véronique. À la rencontre suivante, elle se montre parfois un peu dure dans ses interventions. Elle se rend alors compte qu'en raison de la culpabilité qu'elle éprouve, elle attribue à Véronique un ressentiment à son égard et y répond par une brutalité injustifiée.

D'autres mécanismes défensifs méritent d'être connus et compris par le coach. Ionescu *et al.* (2001) en dénombrent une trentaine, dont certains se rencontrent assez fréquemment, comme l'*identification à l'agresseur*. Il est important de comprendre que toutes ces défenses fonctionnent dans les deux directions et que le coach peut être lui-même l'objet d'une projection ou d'une identification projective, laquelle se traduit le plus souvent par une sensation particulière d'intrusion que les jeux de rôle en formation mettent en évidence. Le questionnaire de Bond (1983) permet de qualifier et de quantifier en intensité les défenses du Moi utilisées par une personne.

2.2 Le transfert

Le *transfert* est la reproduction dans le présent d'éprouvés liés à une relation passée. Ce phénomène est inconscient et consiste en la reviviscence de sentiments, de craintes, de comportements et de pensées qui ont été vécus au cours de l'enfance avec une personne importante à cette époque, le plus généralement un parent, bien que ce puisse être un autre membre de la famille, une institutrice ou un autre enfant, camarade, frère ou sœur. L'importance de la personne qui a inscrit l'empreinte du transfert n'est pas, comme certains le pensent, liée à l'autorité ou à une image parentale forte : une personne faible, à réparer, aura pu aussi bien imprimer sa marque. Au-delà des ressentis, ce mécanisme se prolonge dans des conduites observables tels que des retards, des propos agressifs, une séduction, une sollicitude exagérée ou encore une soumission.

Toute rencontre expose à l'apparition du transfert : ce dernier n'est donc pas spécifique à la relation d'aide, mais celle-ci amplifie le phénomène. En effet, la situation dissymétrique entre coach et coaché ainsi que la disponibilité bienveillante du premier et le cadre spatial favorisent une régression affective et l'apparition de phénomènes transférentiels intenses.

Dans la plupart des cas, le transfert est de nature positive, c'est-à-dire que le coaché fait jouer au coach le rôle d'une personne bienveillante, détentrice d'une compétence qui la rend puissante. Au sens psychanalytique, ce transfert est de type parental : le coach est vu comme une mère aimante ou comme un père attentif en qui on peut avoir confiance. Toutefois, un excès de transfert positif peut parasiter la relation de coaching car, si le coaché s'installe dans une attitude de dépendance, il ne peut plus se responsabiliser. Le changement vers une plus grande autonomie devient alors impossible ; le besoin de tout obtenir de l'autre conduit inéluctablement à la passivité. Le coach doit sortir de cette situation par une *interprétation* ou une *métacommunication* de type *feed-back*.

Le transfert peut également être de nature négative. Le coach est alors vu comme quelqu'un de nuisible, dangereux ou dominateur, contre lequel il faut déployer des réactions d'hostilité, de haine manifeste ou de rejet. Ces conduites agressives désarçonnent le débutant, mais un coach aguerri sait utiliser le transfert (ainsi que le contre-tranfert) comme une source d'information et une ressource indispensable pour aboutir au changement. Quoique certains comportements, tels que des retards au entretiens, des tentatives pour éviter le paiement, voire l'expression de commentaires désobligeants à l'égard du coach puissent être ressentis de façon désagréable par celui-ci, il est primordial de montrer au coaché que ces manœuvres ne sont pas destructrices, et, tout comme l'excès de transfert positif, le transfert négatif doit faire l'objet d'une interprétation ou d'une métacommunication.

Exemple
Arthur coache Jean qui arrive toujours en retard, et lance parfois des piques comme : « De toutes façons, au prix que paie mon entreprise, ce n'est pas trop grave… » À la fin de chaque entretien, Jean fait traîner la discussion ou bien livre au dernier moment une information particulièrement importante qu'il faut analyser, et lorsque, enfin, il est prêt à partir, il demande à utiliser les toilettes, s'y attarde et se montre anormalement bruyant en sortant, surtout si un autre client est là.
Arthur est un professionnel averti et il se montre particulièrement serein durant les premiers entretiens. Il résiste à la tentation de prolonger la discussion lorsque Jean lâche quelque chose d'essentiel au moment de partir et ne commente pas les provocations. Lorsque le moment lui paraît propice, il récapitule ce qu'il a observé et demande à Jean : « En quoi ce comportement vous est-il utile ? »

2.3 Le contre-transfert

Lorsque le coaché plaque sur le coach un rôle issu de son histoire, celui-ci réagit également en mettant en scène les acteurs de son propre passé. Le lieu clos et les règles de fonctionnement d'un coaching favorisent une perméabilité affective de chacun des protagonistes, et la compulsion primitive à répéter des réactions archaïques lorsque les conditions de la relation présentent assez de ressemblances avec celles déjà vécues.

Le contre-transfert est un composite assez complexe qu'il importe de décoder correctement.

Tout d'abord, le transfert étant une demande implicite, le coach est inconsciemment appelé à donner une réponse. Si, par exemple, cette demande est du type : « Je t'en prie, aime-moi », la réponse peut être neutre, positive, négative ou distante ; elle peut se manifester de façon implicite, notamment sous forme de silence ou d'intervention énigmatique, ou bien émerger dans l'explicite par une interprétation claire relative au transfert.

Exemple
Suzanne décrit sa situation professionnelle comme un cas de harcèlement. Elle dit vivre les entretiens de coaching comme un havre de paix où, enfin, elle est comprise. Hors de cet espace serein, elle pense à tout laisser tomber pour élever des chèvres en Auvergne. Christophe, son coach, se sent profondément inquiet pour Suzanne. Il imagine le pire et commet l'erreur de communiquer cette anxiété au cours de l'un des entretiens.

La réponse à une demande qui touche l'histoire du coach peut prendre plusieurs formes, dont les plus courantes sont l'anxiété excessive, la peur de ne pas donner assez, le refuge dans l'application aveugle d'une technique, ou encore le désir de se débarrasser d'un cas trop difficile.

Le transfert peut en outre activer l'un des désirs du coach, qui se trouve alors confronté à la *tentation*. Si le coach a correctement effectué le travail sur lui-même, il connaît ses désirs et peut donc reconnaître qu'il est sous l'emprise d'un conflit entre sa déontologie et l'offre transférentielle du coaché qui se révèle trop séduisante. Dans le cas contraire, il peut se laisser aller à des comportements qui satisfont son propre désir (par exemple, devenir indispensable à l'autre). La supervision constitue une deuxième ligne de défense contre la tendance à utiliser le coaché au service des aspirations secrètes du coach.

La présentation faite ci-dessus correspond, nous l'avons dit, à des concepts et une terminologie psychanalytiques. Toutefois tous les autres courants reconnaissent ces effets de répétition de la structure des relations antérieures avec autrui. Sans entrer dans le détail, nous pouvons citer par exemple les « patterns transactionnels » de Salvador Minuchin, les effets de « résonance » de Mony Elkaïm, ou la notion d'« affiliation » des systémiciens de l'École structurale. De même, le concept d'« états du Moi » de Berne (Analyse Transactionnelle) dérive directement de celui de transfert. Aucune théorie ne peut en effet échapper à l'analyse de ce que mobilise la relation entre deux êtres humains : si les constructions utilisent des terminologies différentes, elles décrivent finalement les mêmes choses. Ce qui est intéressant, ce ne sont pas les variantes de la représentation de cet objet, mais les questionnements qui y sont attachés.

Ainsi, le théoricien Michel Neyraut pense que le contre-transfert, imbibé de l'histoire familiale, conjugale, professionnelle et culturelle, préexiste au transfert, et que la rencontre se fait sur la base d'un *a priori* articulé autour de la notion d'*altérité*, qui elle-même découle de celle d'impensable, voire d'« impansable » : le coach ne pourrait jamais aborder le domaine de ses propres limitations ni de ses propres blessures, ou du moins de ce qui n'a pu être résolu au cours du travail sur lui-même. Ce sont les *points aveugles* ou les *zones d'ombre*, que seul le superviseur peut entrevoir et dévoiler au coach.

2.4 L'identité sociale

Toute personne est imprégnée d'une ou de plusieurs cultures, celle de son pays, de son milieu social, et de son entreprise. Ces groupes fixent des *ensembles de significations* qui prédéterminent les attitudes et les comportements. On note ainsi une prévalence du raisonnement inductif (des faits aux concepts) aux États-Unis et dans nombre d'entreprises internationales ; la culture française, en revanche, conduit à une très forte tendance à utiliser les formes déductives. Le raisonnement abstrait est incongru aux États-Unis, alors qu'il est hautement apprécié en France. Les modes de communication verbale peuvent accepter le conflit avec l'autre, comme aux États-Unis, ou au contraire l'éviter, comme dans la plupart des pays asiatiques.

> Pour demander à un subordonné de faire le rapport mensuel du service, un manager américain dira : « *Je veux le rapport mensuel sur mon bureau demain à 17 heures au plus tard.* » Le manager japonais procédera indirectement : « *Nous arrivons à la fin du mois... Le directeur financier ne m'a pas encore dit quand il voulait exactement le rapport mensuel. Je pense qu'il se manifestera demain... Enfin, peut-être... (Silence.) Vous savez comment il est... (Silence.) Il vaudrait mieux être prêt...* »

Les recherches sur les processus mentaux de l'être humain ont permis de mettre en évidence un fonctionnement occidental orienté vers la création de catégories, alors que les Orientaux recherchent plutôt des ensembles de liens (Nisbett, 2003). Dans les deux cas, l'être humain organise sa vision du monde en sélectionnant des morceaux de réalité sur lesquels il bâtit une idée générale conventionnelle, peut-être fausse, mais permettant la décision, l'action et la communication. Ainsi, l'Occidental bâtira une catégorie descriptive comme : « Un oiseau a des ailes », qui incluera les poissons volants, alors que l'Oriental préfèrera quelque chose comme : « Un oiseau mange des graines. » De la même manière, l'observation de jeunes enfants révèle que la mère américaine stimule la catégorisation (« Tu vois ce jouet, c'est une girafe, tandis que celui-là c'est un lion ») alors que la mère japonaise porte son effort sur le lien (« Je te donne ceci, tu me le rends, je te dis merci, tu es content »).

De très nombreuses expériences ont en outre montré que le filtre de conventions culturelles s'applique aux cinq sens, à la pensée et à l'affectif : la culture désigne non seulement ce qu'il faut voir, sentir, entendre, mais assigne encore une expression émotionnelle en réponse au perçu. Ainsi, le groupe définit le sens qui est attribué à chaque catégorie ou ensemble de liens, les émotions qui y sont associées et les conduites qui accompagnent ces émotions. Il définit également ce qui relève du normal et du pathologique, les bonnes et les mauvaises aptitudes, les modes de raisonnement souhaitables et la forme désirable d'intelligence. Il normalise ce faisant un certain nombre de valeurs, d'attitudes face aux situations, les buts à atteindre, et, en fin de compte, certaines orientations de la personnalité.

Il suffit d'observer à la télévision un enterrement en Suède ou au Maroc. L'expression de l'émotion (la douleur) par les femmes, silencieuse ici, manifeste là, est un trait observable de la culture qui définit et impose comment doit se montrer la peine. Hurler son chagrin en public serait considéré comme de l'hystérie ici, alors que contenir ses larmes serait taxé d'inaffectivité là. Une attitude non culturellement conforme est d'ailleurs souvent impossible.

Dans le cas général, la rencontre entre personnes ou groupes appartenant à deux cultures différentes déclenche des mécanismes qui ont été étudiés en détail par les anthropologues, les psychologues sociaux et les cognitivistes. Les phénomènes d'*attribution causale* et de *stéréotypage* sont les plus caractéristiques. La situation de coaching joue là encore comme un amplificateur en raison du dispositif, le coach ayant une position de « sage » et le coaché se livrant sur ses difficultés. Les malentendus culturels peuvent donc conduire à des blocages irréversibles.

Exemple

Ingrid, suédoise, brillante directrice commerciale dans une entreprise internationale, est coachée par Claudia, française d'origine corse. Lors d'un entretien,

Ingrid dit : « Mon supérieur démissionne et on m'a proposé son poste. Bien que ce soit une occasion unique, j'ai refusé parce que cela me prendrait trop de temps et je veux m'occuper de mes enfants. » Claudia répond : « Il faudra peut-être travailler sur votre légitimité. » Ingrid confie plus tard qu'elle a décroché du coaching à ce moment précis. Le malentendu provient du fait que la relation au pouvoir est très surinvestie dans la culture française, et refuser une promotion est quasiment un péché. Pour la culture des pays nordiques, le pouvoir est beaucoup moins investi et c'est le bonheur familial qui représente la plus grande valeur. En outre, on peut faire l'hypothèse que Claudia se défend mal contre son envie d'être elle-même un dirigeant. Avancer qu'Ingrid a refusé le poste parce qu'elle ne se sent pas légitime est une interprétation qui n'a aucun sens pour une Suédoise.

Les chocs culturels peuvent également intervenir entre le coach et son superviseur, entre le coach et le prescripteur, voire entre le coaché et le prescripteur, ou entre le groupe d'appartenance du coaché et certains acteurs du dispositif. Dans l'exemple ci-dessus, le superviseur pourra-t-il démonter le mécanisme qui a brisé le lien entre coach et coaché ?

Le champ du choc des identités sociales est donc très large, et demande une réflexion approfondie de la part de la communauté des coachs. Ce travail est en cours, en raison de la demande croissante pour des interventions prenant en compte l'irruption brutale des pays asiatiques dans le paysage européen.

7

LA FORMATION DU COACH

« Entraînement difficile, guerre facile »
(une des maximes de la Légion étrangère).

Le coach, comme le thérapeute, est supposé disposer d'une ressource que celui qui le consulte ne possède pas et souhaite acquérir. Cette *puissance attribuée* implique des devoirs : posséder parfaitement sa technique, avoir compris ses propres désirs afin de ne pas les laisser dominer le processus, et enfin accepter de laisser un autre porter un regard sur son exercice.

1. Posséder sa technique

Pour acquérir une maîtrise de sa technique, le coach passe par une formation. Former, c'est transférer des éléments de connaissance, enseigner une démarche et instiller une éthique.

Le coaching est au carrefour de la psychologie, de la sociologie et de la théorie des organisations, disciplines que celui qui désire exercer doit comprendre, sinon dominer. Chacun des courants de la psychologie, par exemple, est un modèle sincère, dont les qualités et défauts s'expliquent par l'histoire de ses inventeurs agissant dans un environnement sociologique donné ; le rejet d'un de ces courants relève donc d'un sectarisme qui n'est pas de bon augure pour celui qui prône au contraire l'ouverture. Il en est de même pour les différents courants des autres disciplines.

Bien des coachs en formation expriment leur désir d'apprendre une méthodologie claire et « carrée », qu'il suffirait d'appliquer en utilisant des grilles d'analyse. Les formateurs de coachs qui sont eux-mêmes en position de coach ne peuvent souscrire à une telle demande : le principal message qu'ils doivent faire passer est au contraire que l'exercice du métier exige un doute et un questionnement permanents… Au-delà des bases théoriques nécessaires que l'étudiant est encouragé à compléter par lui-même, il importe donc au coach de démontrer que l'autonomie est possible, et que, loin d'être un ensemble normatif, la posture de coach est une construction personnelle. Dans cette optique, les exercices doivent encourager l'initiative : le formateur de coach doit accepter de s'exposer en laissant les étudiants décider de ce qu'ils veulent acquérir.

Mais si les chemins sont différents, la destination reste identique : former des acteurs responsables, maîtres de leur technique et forts d'une éthique.

Les formations en atelier utilisent de préférence la technique de l'*aquarium*, qui consiste à demander à deux étudiants de jouer respectivement le rôle de coach et de coaché devant le reste du groupe. Ce dispositif peut donner lieu à de nombreuses variantes selon l'objectif poursuivi par le formateur.

Première variante. Si l'objectif est d'étudier les mécanismes interpersonnels (défenses, transfert, identité sociale), le formateur choisira de maintenir un stagiaire dans le rôle du coaché ; plusieurs simulations d'entretiens seront alors réalisées, avec différentes personnes jouant le rôle de coach. Les ressentis de chacun seront examinés après chaque séquence.

Deuxième variante. Il est possible de donner une idée de l'ensemble du processus de coaching en partant d'une situation, et en faisant jouer la succession des entretiens, depuis la première rencontre entre le coach et le prescripteur jusqu'à la conclusion du contrat, en passant même par les séances de supervision. Il suffit de réduire chaque entretien à 8 minutes et l'analyse en commun à 15 minutes, ce qui permet de dérouler une quinzaine d'entretiens sur le même scénario en une journée de formation.

Cette deuxième variante montre comment les stagiaires peuvent ordonner eux-mêmes les domaines qu'ils explorent. Le formateur doit en effet intervenir le moins possible dans le déroulement du scénario, se contenter d'apporter son expertise sur ce qui se passe, susciter les commentaires, mais contrôler le temps. L'histoire se déroule alors comme un feuilleton à « suspense », puisque nul n'en connaît le dénouement.

2. Le travail sur soi

Quoique appuyé sur des bases théoriques et pragmatiques robustes, le coaching, comme toute activité qui porte la responsabilité d'aider l'autre à changer, exige que le désir du coach soit de nature humaniste et non, par exemple, l'appât du gain ou l'envie de dominer l'autre. En d'autres termes, pratiquer le métier de coach requiert non seulement de maîtriser les techniques, mais aussi de connaître clairement ses propres désirs, en particulier ceux qui incitent à devenir coach.

C'est pourquoi le coach doit s'efforcer de comprendre ce qu'il fait, mais surtout *pourquoi* il le fait. Le travail sur soi-même permet de discerner quelle a été la motivation à devenir coach et, parmi ces désirs, lesquels posent problème s'ils n'ont pas été compris et analysés en profondeur. Le manipulateur trouvera en effet dans le coaching un champ infini pour satisfaire cette tendance perverse ; le dominateur pourra peu à peu installer son pouvoir sur le coaché ; le voyeur verra enfin l'autre sans son armure ; l'éternel samaritain s'établira avec délectation comme un sauveur indispensable. Le travail sur soi-même permet de dépasser ces tendances que chacun d'entre nous entretient dans cette face sombre qui fait de nous des êtres humains. L'introspection, notamment, favorise l'acceptation de la perte d'une image idéale de soi-même, autrement dit l'abandon de la conviction que le monde, et donc l'autre, doit se plier à la représentation que nous en avons. Or, dans la position de coach, ce dont il est question, c'est du désir du coaché, pas de celui du coach, même si ce dernier doit pourtant exercer son métier avec plaisir pour être efficace.

3. La supervision

Pour le coach, la supervision est une *nécessité absolue*, soulignée par tous les codes de déontologie des associations professionnelles. L'enjeu n'est pas seulement de « coacher le coach », comme il est parfois indiqué dans certains ouvrages : aider celui-ci à surmonter les obstacles qu'il rencontre, personnels ou professionnels, n'est qu'un des aspects de l'exercice. Il doit s'y ajouter une dimension *didactique*, une dimension *déontologique*, et éventuellement une dimension *éthique*. La supervision comporte donc différents aspects, que nous aborderons successivement.

Identifier l'obstacle. Le coach peut rencontrer une difficulté dans l'exercice de son activité, ou avec l'un de ses clients en particulier. En général, la pensée, les émotions ou les mouvements affectifs sont bloqués, ce qui suspend la relation d'accompagnement et empêche le changement du coaché d'intervenir. L'objet de la supervision est alors d'identifier l'obstacle, de le détruire ou de le contourner.

Exemples
Julien a du mal à supporter ce jeune cadre arrogant à qui tout réussit. Ayant lui-même échoué dans une entreprise, il étouffe d'envie et son désir secret est que son client morde la poussière.
Marie éprouve une grande jubilation à être devenue la référence de son client qui la consulte pour un oui ou pour un non. Elle se rend compte que cette relation est contraire à la déontologie, mais ne sait comment la faire cesser.
Auguste ne sait plus quoi faire avec son client qui le manipule et l'instrumentalise. Il comprend que quelque chose doit changer mais il est fasciné, comme par un serpent.
Mélanie est tombée sur une personne qui, en fin de compte, n'a envie de rien. Le coaching avait été prescrit par la DRH qui voyait là une dernière chance pour cet employé.
Anne vit un conflit de loyauté entre un coaché et un prescripteur qui lui font chacun confiance, mais qui ont des objectifs inconciliables.

Selon la référence théorique du superviseur, il s'agit alors de comprendre les phénomènes transférentiels (psychanalyse, théories humanistes), ou d'analyser les « patterns » ou le style relationnel (systémie, cognitivisme) qui bloquent la progression du processus. Cette analyse peut se faire de professionnel à professionnel, en co-construction, sur la base d'un savoir partagé entre le coach et le superviseur. Idéalement celui-ci doit aussi maîtriser les mécanismes interpersonnels liés à la différence culturelle.

Maîtriser les techniques. La supervision peut également concerner l'analyse des pratiques, et faire émerger les difficultés techniques rencontrées par le coach. L'analyse des situations doit conduire à leur compréhension, et non à une interrogation sur les limites de la pratique professionnelle : comme il est toujours bon d'apprendre des erreurs commises, la supervision a un prolongement didactique, et le superviseur peut juger judicieux de faire le point sur les concepts et sur les méthodes. Le superviseur se trouve alors placé en situation de sage qui doit délivrer une sorte d'oracle. Mais si la position de tiers lui permet effectivement de jeter un regard neutre sur les aspects formels du processus, il ne faut pas oublier que les méthodes ne remplacent en rien la personne du coach qui demeure le principal moteur du processus.

Développer l'identité de coach. La supervision en arrive dans certains cas à prendre la forme d'un véritable coaching visant, par exemple, à développer chez le coach la confiance en soi. Le superviseur se trouve alors en position de coach de coach. Cependant, le travail sur soi auprès d'un thérapeute est aussi supposé permettre de développer cette qualité ; la question de la frontière entre travail personnel et supervision reste ouverte, bien qu'idéalement il vaille mieux séparer les deux.

Questionner la déontologie et l'éthique. Ces deux notions sont souvent confondues en raison d'une formation insuffisante. Selon le Conseil canadien d'agrément des services de Santé, l'éthique est composée de normes de conduite moralement acceptables que le rapport Belmont de 1978 précise : consentement éclairé des personnes, accès au savoir de l'intervenant, respect. Autrement dit, il s'agit de reconnaître l'autonomie des personnes et de protéger ceux qui, compte tenu de leur personnalité ou leur situation, ne peuvent être autonomes. La déontologie, quant à elle, est l'ensemble des règles régissant l'exercice du métier.

Les psychologues, qui suivent une unité d'enseignement (25 heures de cours plus un examen) sur la déontologie ou sur l'éthique, ont une compréhension active de leurs responsabilités. Dans le cas du coach, c'est le superviseur qui tient lieu de garde-fou.

3.1 Le cadre de la supervision

La supervision peut se faire sous une forme individuelle ou groupale. Bien entendu, pour qu'il y ait supervision il faut un superviseur, c'est-à-dire un *regard extérieur* neutre. Il est abusif de croire que l'on peut se superviser mutuellement entre pairs, surtout en groupe, d'autant plus si ce groupe comporte un grand nombre de participants. Un groupe est en effet très dominateur et normatif et peut devenir un dictateur impitoyable. Ce travail entre pairs (groupes de pairs) est toutefois très utile pour comparer les pratiques, les expériences et partager les problèmes.

Une autre question fréquemment posée par les coachs débutants est celle de la fréquence des entretiens de supervision. À un extrême du spectre, certains superviseurs acceptent de voir le coach à la demande, tandis qu'à l'autre extrême le cadre de la supervision est très strict, en termes de fréquence, d'horaire et de durée. Un cadre rigide correspond à la conception psychanalytique selon laquelle le transfert s'établit d'autant mieux que le cadre, métaphore de la Loi Fondamentale, est respecté. Un arrangement plus souple correspond à la perspective humaniste, offrant à chacun la « liberté d'être ». La réalité (les exigences des clients) fait que le respect d'un cadre est parfois difficile pour le superviseur ou le coach. En conséquence, le contrat entre les deux acteurs doit tenir compte de cette contrainte, mais s'efforcer de respecter une régularité temporelle et spatiale.

3.2 Les qualités d'un superviseur de coach

Comme nous l'avons souligné plus haut, la position de superviseur est difficile à tenir : elle demande une éthique parfaite, un sens clinique aigu, un travail sur soi-même approfondi, une expérience de l'entreprise, la maîtrise de tous les concepts et techniques du coaching, et une compréhension des mécanismes interculturels. Où diable trouver ce mouton à cinq pattes ?

Les groupes professionnels voient souvent le superviseur de coach comme un de leurs pairs, dont le rôle est l'analyse des pratiques par rapport aux canons de leur groupement. Les entreprises qui ont leur propre département de coaching voient le superviseur au service de leur culture. Pourtant, l'expérience de superviseur montre que la principale qualité attendue est précisément l'indépendance par rapport au groupe d'appartenance du coach (société de coachs, entreprise, etc.) ; cette indépendance permet de travailler sur les véritables problèmes et non sur des aspects normatifs issus de ce groupe. En second lieu intervient ce que le coach attend de son superviseur : un regard de sage, le partage des préoccupations, un recadrage ou un garant des limites.

Choisir un superviseur exige donc une réflexion personnelle sur le sens donné au métier. C'est donc une décision difficile.

8

LE COACHING D'ÉQUIPE

> Ceux qui décident de ne jamais rien tenter
> afin de ne jamais échouer
> ne se trompent qu'une seule fois dans leur vie.

1. UNE NOTION PERTINENTE ?

La notion de *coaching d'équipe* est controversée au sein de la communauté des coachs. Certains en font une branche particulière du coaching, d'autres s'opposent fermement à cette idée.

En réalité, la frontière entre ces deux opinions est très précise. Comme dans toute controverse entre positions théoriques, il faut revenir aux présupposés fondamentaux, c'est-à-dire à des croyances qui ne reposent sur rien d'autre qu'une décision personnelle lorsque notre connaissance est insuffisante pour trancher.

Dans le cas qui nous préoccupe, le présupposé fondamental est soit l'un, soit l'autre des termes de l'alternative suivante : un groupe est-il, ou non, plus que la somme de ses membres ? En d'autres termes, existe-t-il une entité « groupe » qui s'exprime, agit, et sur laquelle on peut travailler ? L'observation d'une foule incline à répondre par l'affirmative ; par ailleurs, les expérimentations effectuées dans le cadre de paradigmes théoriques variés ont confirmé l'existence de mécanismes spécifiques aux ensembles de personnes.

Ceux qui pensent que le groupe représente davantage que la somme de ses membres ont une vision dite « systémique » du monde. Tel est généralement le cas dans les pays latins ou asiatiques, ainsi que chez les systémiciens et les humanistes. Ceux qui croient le contraire sont dits « linéaires », et se trouvent le plus fréquemment en Suisse, aux États-Unis, dans les pays protestants en général et chez les cognitivistes. Bien entendu, ces orientations culturelles ou conceptuelles ne sont que des tendances, et chacun a sa propre opinion sur le sujet.

Le choix de l'un des termes de l'alternative détermine la compréhension du fonctionnement groupal, par conséquent la manière dont sera abordé le travail avec un groupe, une équipe ou une organisation. Ainsi, pour ceux qui croient qu'il existe une entité « groupe », celle-ci a des croyances, des références, et des comportements propres ; pour ceux qui n'y croient pas, il n'existe que des interactions entre les membres du groupe.

> *Exemple*
> Dans un comité de direction, le directeur commercial est systématiquement sarcastique et s'en prend de préférence à la directrice de la communication. Les autres membres prennent parti pour l'un ou pour l'autre, discutent, s'opposent et le travail ne se fait pas. Le directeur général décide de se séparer du trublion. Son coach l'écoute et pense :
> *Coach « linéaire »*. « Il y avait un *problème relationnel* entre les deux directeurs. Peut-être qu'un coaching de relation aurait permis de résoudre ce conflit. »
> Coach *« systémique »*. « L'équipe de direction s'est évidemment trouvé un bouc émissaire. Classique ! Le licencier ne servira à rien. Je me demande qui sera le suivant. »

Nous voyons dans cet exemple que pour l'un le problème réside dans l'opposition manifeste entre deux membres, tandis que pour l'autre le groupe a un problème qu'il résout en l'assignant (en le projetant, diraient les psychanalystes) à l'un de ses membres. Notre coach systémique a reconnu, dans ce cas, l'assignation d'un rôle de *bouc émissaire* ; mais d'autres rôles sont fréquemment observés dans les équipes tant ils sont patents, comme celui de l'*opposant*, du *bouffon* ou du *manipulateur*, leur interprétation étant bien sûr très différente selon que l'on pense « système » ou « interactions ».

Dans ce qui suit, nous nous placerons dans une perspective systémique et supposerons donc que le coaching d'équipe existe bel et bien.

2. Racines conceptuelles

Chacun des quatre grands systèmes théoriques que nous avons évoqués dans le chapitre 3 a sécrété ses propres concepts et techniques au sujet des groupes.

La psychanalyse individuelle a donné lieu à de nombreuses extensions groupales de ses concepts. Ces courants de pensée coexistent, la psychanalyse ne s'étant pas dotée de méthodologie pour valider ou invalider les innombrables variantes de ses théories. Toutefois, les études cliniques et les dispositifs expérimentaux forgés par les pionniers ont permis de mettre au jour nombre de phénomènes que les autres grands courants de la psychologie, comme la psychologie sociale ou la théorie des systèmes, ont également observés. Nous pouvons tenter d'organiser les hypothèses selon leur apparition historique.

Dans une série d'articles publiés autour de 1920, Sigmund Freud formule l'hypothèse que le mécanisme d'identification est le principal moteur de l'indifférenciation. Il faut noter que la vision de Freud est très centrée sur la personne et ses conflits *intra*psychiques : pour Freud, les relations *inter*personnelles ne sont médiatisées que par une *relation d'objet*, sorte d'extension de soi lancée vers l'autres. Ce n'est que bien plus tard que la notion de *lien* apparaîtra. À la même époque, Jung émet l'idée d'un inconscient collectif. Vers la fin des années 1950, dans le mouvement de l'École anglaise, Wilfred Bion propose le concept de *protomental*, réaction réflexe défensive du groupe. À cette époque, la notion de lien, conçue sur le modèle de la relation mère-enfant, est encore dissymétrique.

Une troisième étape a eu lieu dans le courant des années 1970 avec la mise en évidence, par l'École française (Anzieu, Kaës, Missenard, Pigott), d'un certain nombre de phénomènes groupaux tels que l'*illusion groupale*, la *résonance fantasmatique* et l'*interfantasmatisation*. Plusieurs ensembles d'hypothèses se sont dégagés : premièrement, celle d'un partage des fantasmes individuels et d'une circulation au niveau des contenus (Anzieu). Deuxièmement, celle d'un niveau groupal de la psyché, permettant la circulation entre inconscients (Kaës). Troisièmement, celle de mécanismes relevant du préconscient (Rouchi).

La notion de lien commence à être envisagée comme symétrique durant les années 1980, et des travaux entrepris dans les années 1990 concluent à l'existence de phénomènes encore plus rudimentaires, comme l'*effet de présence* (Avron) ou l'*effet d'ensemble* (Lecourt). Enfin, les mécanismes transférentiels ont donné lieu à des analyses permettant de distinguer le transfert groupal des différents transferts individuels, latéraux (entre membres du groupe) ou non.

Les théories comportementales et cognitivistes cultivent de leur côté une vision plutôt linéaire, ce qui n'a rien d'étonnant puisqu'elles sont nées sur le continent nord-américain. Les investigations du courant sociocognitif ont donné lieu à de très célèbres expériences qui, quoique discutables sur un plan éthique, ont permis la mise en évidence des concepts fondateurs des principaux paradigmes actuels. On peut citer les plus marquants : la *normalisation* (expérience de Sherif en 1936), le *conformisme* (expérience de Schaechter en 1955), l'*influence* (expérience de Asch en 1946), et l'*effet de l'autorité* (expérience de Milgram, illustrée dans le film « Z »).

Les théories humanistes, plus tardives et contemporaines des théories purement systémiques nées à la fin des années 1960, ont subi un héritage culturel plutôt « linéaire », c'est-à-dire centré sur l'interaction plutôt que sur le système. De nombreux phénomènes groupaux ont cependant été mis en évidence, comme le *facteur humain*, la *motivation* ou la *cohésion*, qui ont servi de base à la plupart des principes actuels du management. Méfiante vis-à-vis du psychologique, l'entreprise a en effet trouvé là les idées permettant de faire évoluer les organisations vers une plus grande efficience.

Les théories systémiques, dérivées du remarquable travail de l'école de Palo Alto, offrent une vision résolument groupale, puisqu'elles ne s'appuient sur aucune des théories individuelles de la personnalité.

3. Les fondamentaux du coaching d'équipe

Avant tout, il importe de s'entendre sur ce que l'on appelle « équipe ». Les auteurs s'accordent sur l'existence d'un *objectif commun*, et donc pas seulement sur des intérêts ou des valeurs partagés.

Il existe plusieurs systèmes de classification typologique des équipes qui décrivent des niveaux de fonctionnement plutôt que les manières d'être, que l'on qualifie généralement de « culture ». La typologie le plus simple est celle des *trois âges*.

Le premier âge est celui du désir de *faire ensemble*. L'équipe n'est alors qu'un amas de personnes, dont la principale angoisse est d'être ignorée des autres et dont le désir est d'être incluse.

Le second âge est celui de la prise de conscience que, pour être efficace, il faut s'organiser, et pour cela avoir une *vision commune de ce qu'il faut faire ensemble*. Cette phase est faite d'âpres querelles, chacun cherchant à faire prévaloir ses opinions, son influence et ses prérogatives. En général, un accord se fait sur le rôle de chacun, mais le fonctionnement n'est pas exempt de coups bas, de rétentions d'information et de violentes confrontations. La principale angoisse de chacun est de perdre la face, d'être humilié.

Le troisième âge est celui de la *prise de conscience de la redoutable efficacité de l'équipe*. Ensemble, il est possible de briser les obstacles, de réaliser nos rêves les plus fous. Se donner à l'équipe, c'est acquérir un pouvoir inouï. Le sentiment d'appartenance relève donc d'un paradoxe : en devenant dépendant, on accède à davantage d'indépendance. Les équipes qui ont atteint ce niveau donnent envie : « Ils » arrivent, s'installent sans dire un mot, agissent comme un seul corps et broient les difficultés avec aisance. Ceux qui ont appartenu à une telle équipe en gardent une nostalgie toute leur vie, et ceux qui n'ont pas connu ce bonheur mais en ont été spectateurs gardent la sourde impression d'être passés à côté de quelque chose d'essentiel.

De multiples autres modèles de structuration ont été proposés dans la littérature, en particulier celui des *étapes de développement*. Ce schéma envisage six niveaux ou phases ; le niveau de maturité peut en outre monter ou baisser[1].

Dans la phase 1, similaire au premier âge dans le schéma précédent, les autres, inconnus, sont évalués, et chacun se protège derrière le masque de sa mission.

La phase 2, dite d'exploitation, est un moment de conflit où s'opère la constitution de sous-groupes. La priorité est de clarifier les objectifs, et l'équipe se centre sur l'exécution dans le court terme.

La phase 3 est dite « critique » : elle correspond à la fin du deuxième âge dans le schéma précédent. L'équipe se penche sur elle-même pour s'adapter et gérer ses ressources. Les personnes ressentent de la frustration et l'expriment. Les masques tombent et les vraies personnalités apparaissent, dans un climat de plus grande confiance.

Les phases suivantes détaillent les étapes de ce que nous avons nommé ci-dessus le « troisième âge ». Au cours de la phase 4 se produit une rencontre entre les personnes : elles reconnaissent leurs différences et recherchent les complémentarités qui en résultent. La phase 5, dite d'efficacité, rompt la rigidité : les rôles et procédures deviennent flexibles ; l'exécution à temps des tâches, ou, en d'autres termes, la responsabilité de chacun, devient importante pour tous. Enfin, la phase 6 est celle où le sentiment d'appartenance est tel que l'intérêt de l'équipe (et pas seulement celui du seul leader) prime sur toute autre chose.

Les outils d'évaluation de l'état de l'équipe sont le plus souvent des autodiagnostics. Il existe néanmoins des grilles ou des questionnaires permettant

1. Développé par Open'Act (www.openact.com).

d'évaluer le mode de fonctionnement relationnel (non-dits, jugements, assertions, etc.), le fonctionnement rationnel, et enfin l'implication affective.

4. Le travail avec une équipe

Tout d'abord, coacher une équipe, c'est avoir pour coaché un ensemble de personnes et non des individus ensemble. Cela paraît une évidence, mais a des implications pratiques très précises : par exemple, celle d'être capable d'entendre la *voix du groupe*, puisque celle-ci est supposée exister.

> Dans un groupe, il y a fréquemment un opposant, c'est-à-dire un membre qui conteste le processus et le fait savoir en proférant des critiques ou en cherchant à déstabiliser le coach. S'opposer à l'opposant ou chercher à le raisonner est une grave erreur : la relation entre coach et équipe se trouve alors rompue par l'établissement d'un lien individuel privilégié. C'est au contraire à l'équipe elle-même d'analyser et résoudre son propre problème, à savoir l'existence bruyante du trublion.

L'établissement d'une relation de coach à groupe implique donc d'éviter tout conflit ou séduction, aussi bien avec le chef qu'avec les membres. Il faut en outre se garder de déresponsabiliser l'équipe en se positionnant comme expert sur le contenu, et surtout prévenir les phénomènes de dépendance qui pourraient résulter de conseils sur les processus. Comme dans le coaching individuel, c'est le coaché, c'est-à-dire l'équipe, qui doit inventer ses propres solutions. La grande différence est qu'un groupe est une entité beaucoup plus instinctive qu'un individu adulte : on peut comparer un groupe à un enfant exigeant et cruel, qui aurait une intuition et une capacité à apprendre très au-dessus du commun mais dont les réactions peuvent être vives et violentes.

Bien entendu, un certain nombre de relations doivent se nouer avec les personnes : par exemple, les questions relatives au cadre contractuel doivent être traitées avec le leader, et les problèmes de logistique (dates, lieux) avec un membre désigné pour cette tâche. Il importe toutefois que ces relations soient parfaitement définies, et qu'à aucun moment le groupe puisse avoir le sentiment qu'il s'établit un lien privilégié.

Les interventions du coach sont ici beaucoup plus variées que dans le coaching individuel. Tout d'abord, le dispositif peut prendre trois formes : soit l'équipe face au coach pour un entretien qui est alors collectif, soit un atelier permettant au coach d'impliquer l'équipe dans des jeux ou exercices, soit enfin la supervision de réunions réelles. Dans ce cas, le coach peut se positionner hors de l'équipe, à sa frontière ou bien comme un membre de l'équipe. Ces différentes positions permettent de moduler les interventions et leurs effets.

La stratégie du coach, dans un premier temps, consiste essentiellement à mettre au jour les croyances, à questionner les comportements, et à interpeller les représentations. Il peut ensuite suggérer des modifications du système de référence. Le coach doit s'efforcer de mesurer les changements, car un groupe est encore plus aveugle qu'un individu quant aux progrès réalisés.

> Lorsqu'une équipe est bloquée, un exercice fécond consiste à demander à chacun d'écrire, de façon anonyme, ce qui doit changer dans le comportement de chacun des autres membres pour améliorer le fonctionnement du système. Le coach doit insister sur le fait que la question porte uniquement sur l'amélioration du fonctionnement collectif.

5. Limites et difficultés

Le travail avec une équipe demande une formation spécifique qui est longue : en effet, si la compréhension de l'autre peut se faire assez facilement sur la base de la connaissance de soi, la perception des mécanismes groupaux est un exercice complètement nouveau, étrange, qui mobilise violemment les émotions. Le transfert entre le groupe et le coach risque d'engloutir celui-ci comme une vague. Lors des formations, les étudiants sont toujours surpris de l'impression de panique ressentie lorsque les choses échappent à leur contrôle.

Toutefois, ce sont souvent des situations typiques qui sont les plus violentes. Il faut donc les étudier en détail, afin d'acquérir une familiarité permettant d'être serein même en présence d'un opposant, d'un pervers ou d'un « fou du roi », ou bien de ne pas succomber à la culpabilité face à la désignation d'un « bouc émissaire » ou à la « dépression collective ».

> L'opposant est une personne qui a un rôle complexe dans un groupe. Il parle pour celui-ci, mais représente aussi un danger. Il est utilisé par le groupe pour éviter le changement mais, dans le même temps, il utilise le groupe à son propre profit. Ses motivations relèvent en général d'un besoin massif de reconnaissance, mais il peut s'agir également d'un appétit aigu de pouvoir ou d'une soif de ven-

geance en regard d'une ancienne blessure. Dans certains cas enfin, il s'agit d'une personnalité obsessionnelle ayant un appétit insatiable de contrôle sur autrui.

La situation la plus délicate est la présence d'un pervers. Elle exige de la part du coach une grande compétence, une maîtrise de soi sans faille, et un superviseur aguerri sur ces problématiques. Le pervers tire en effet plaisir du désordre qu'il crée et se montre toujours particulièrement habile dans ses actes manipulatoires, lesquels utilisent la séduction et toutes les ruses de la rhétorique. Sa personnalité hautement intuitive lui permet de déceler la moindre faille chez l'autre, et en particulier chez le coach.

Enfin, le coaching des grandes équipes, encore peu abordé, représente un intéressant champ d'investigation.

CONCLUSION : PERSPECTIVES D'AVENIR

Quand on sait ce que l'on veut dans la vie, le reste est facile.

Depuis deux ou trois décennies se jouent de profondes transformations au sein des entreprises ou de leur environnement. L'évolution des technologies de l'information et des télécommunications a permis la mondialisation des échanges et l'internationalisation des organisations. Le travail en réseau, à l'échelle de la planète, n'est plus le seul apanage des grandes sociétés : nombre d'entreprises petites ou moyennes commencent à exploiter ce marché immense en développant des relations avec des structures locales. À l'inverse, les grandes organisations asiatiques, chinoises ou coréennes par exemple, implantent en Europe des filiales pour la distribution et l'après-vente de leurs produits, ou achètent les emblèmes d'une marque, comme actuellement en Allemagne. Nous avons évoqué par ailleurs la mutation des organisations vers des structures dites « matricielles », où le succès dépend de facteurs tels que l'autonomie, l'initiative, la créativité et l'efficacité collective.

Le coaching devra accompagner ces évolutions inéluctables. Dans ce but, il devra donner une plus large place aux concepts groupaux, interculturels, et tenir compte de changements fondamentaux tels que la féminisation du management (Boulard, 2005) et le déclin des structures purement nationales. Les analyses faites par les grands cabinets de conseil montrent en outre que les entreprises portent leur effort de développement de leurs ressources humaines vers le leadership dans les situations de changement rapide et à fort enjeu. Ceux qui possèdent une grande expérience du métier de coach sentent que la demande des entreprises agissant au niveau mondial va plus loin encore, et explore l'utilisation du coaching afin de provoquer un bond en avant significatif et d'accompagner avec audace et rigueur les « grandes ruptures ».

Pour résumer, il semble donc que trois directions soient particulièrement prometteuses dans l'avenir :
– le *coaching d'équipe* ;
– le *coaching interculturel* ;
– l'utilisation des *technologies* dans le coaching.

1. Problématiques nouvelles du coaching d'équipe

Le domaine du *coaching d'équipe* connaîtra de nombreuses évolutions conceptuelles, la demande du marché faisant émerger des situations complexes pour lesquelles nos réponses sont encore incertaines. Nous citerons quelques problématiques significatives.

– La gestion des *conflits de loyauté* au sein des organisations matricielles, c'est-à-dire la dynamique des équipes où chaque membre rend compte à plusieurs lignes hiérarchiques.

– La demande croissante pour l'accompagnement de groupes ayant des *intérêts communs* sans avoir d'objectifs communs. Il s'agit parfois d'une entité gouvernementale ayant un ascendant, politique ou financier, sur un ensemble d'entreprises ou d'organes associatifs. Dans tous les cas, le leader n'a pas de lien hiérarchique direct avec le reste du groupe. La démarche est le plus souvent entreprise à l'initiative de l'un des membres du groupe qui occupe une position particulière en raison des liens, commerciaux par exemple, entretenus avec ses pairs.

> *Exemple*
> Plusieurs associations ont des activités similaires ou complémentaires et reçoivent des subventions du même organisme gouvernemental. Celui-ci entreprend de donner une cohérence d'ensemble en demandant aux différents acteurs d'harmoniser les champs d'action et les programmes de communication en adoptant un logo commun. Un coach est sollicité pour accompagner cette démarche lors des réunions trimestrielles des présidents des associations. Mais ces derniers, quoique sensibles à l'argument de l'efficacité collective, entendent conserver toute leur liberté.

– Les équipes multiculturelles, en nombre croissant, qui ont une dynamique particulière. On remarque par exemple que les hauts niveaux d'efficacité et de cohésion des groupes culturellement variés sont atteints, soit beaucoup plus rapidement, soit beaucoup plus lentement que dans les groupes culturellement uniformes (Leigh et Maynard, 2002).

– L'internationalisation, qui augmente la distance géographique entre les membres des équipes dispersées à travers le monde. Dans ces situations, le contrôle exercé sur les subordonnés ne peut plus être serré, ce qui implique un style de management et une culture d'entreprise adaptés. Les traits culturels nationaux peuvent alors prendre une place primordiale.

Exemple

Gérard est le manager d'une organisation qui s'étend dans le monde entier. Il rencontre plusieurs difficultés : son équipe russe est dirigée par Sergueï, qui a le plus grand mal à se plier aux règles établies au sein du groupe. En cela, il se comporte comme Steve, qui est le responsable en Afrique du Sud. Chen, l'homme qui dirige la partie chinoise de l'organisation, ne s'oppose pas mais semble obéir à d'autres ordres que ceux de Gérard. La correspondante japonaise, Junko, est silencieuse, voire mystérieuse, et Gérard est toujours extrêmement mal à l'aise lors des conférences téléphoniques avec elle. Claude, le supérieur de Gérard, est catégorique : « J'en ai un peu assez de toutes ces jérémiades. S'il y en a un qui fait la moindre erreur, tu le vires immédiatement. En cas de gros pépin, tu es viré. »

Diriger des personnes qui résident à 15 000 kilomètres n'est pas comme si leur bureau était dans le même couloir… Si la culture d'entreprise est plutôt autocratique et peu portée au pardon, le manager sera alors écartelé entre les exigences de sa hiérarchie et le désir d'autonomie de ses subordonnés.

Enfin, il est probable que le coaching des « changements hardis » dans les grandes structures internationales passera par un recours massif au coaching d'équipe avec des outils qui restent à inventer.

2. Explosion prévisible du coaching interculturel

Une grande confusion règne actuellement quant à la définition donnée à cette forme particulière d'accompagnement. Pour de nombreuses sociétés de service qui offrent des formations relatives aux différences culturelles, le terme « coaching » se limite à un transfert de connaissances relatives aux autres cultures lors d'une mutation, d'une expatriation ou d'une prise de poste dans un contexte international. Les conseils, donnés dans les situations de résolution de conflit interculturels, acquièrent également le qualificatif de « coaching ». Le coaching se confond alors avec la formation ou le conseil. Ces confusions ont pour cause le fait que la personne en contact avec une autre culture doit toujours acquérir une connaissance sur les mécanismes interculturels avant le coaching proprement dit, lequel a pour objet la transformation du coaché, à sa demande.

Ce que nous appelons coaching interculturel concerne donc, d'une part, l'impact de la différence culturelle dans le coaching, et d'autre part la capacité du coaching à permettre la résolution de problématiques dues à la différence culturelle.

La différence culturelle dans le coaching se manifeste dans trois situations : le coaching d'une personne de culture différente, celui d'un coaché ayant des relations avec des cultures différentes, ou enfin le coaching d'une équipe multiculturelle. Quoiqu'en apparence triviale, la seconde, de plus en plus fréquente, interpelle profondément la démarche du coaching.

Exemple

François est un négociateur de haut vol qui intervient dans les transactions d'immobilier d'entreprise. Il est très extraverti, aime la jovialité, les longs repas où l'on rit aux larmes et préfère éviter ceux qui sont, à ses yeux, trop sérieux, tristes, et qu'il soupçonne dépourvus de toute affectivité. En affaires, il est très séducteur et son charme agit « comme par miracle », selon ses propres termes. Mais, lors d'une transaction avec des Japonais, la « baguette magique » est inopérante. « J'ai perdu la main ! » se lamente-t-il auprès du coach.

Quelle que soit la situation, la différence culturelle doit être prise en compte au niveau de chacune des relations actives dans la relation de coaching :
– entre le coach et le coaché,
– entre le coach et le prescripteur,
– entre le prescripteur et le coaché,
– entre le coach et son superviseur.

Exemple

Kathy est une coach américaine mariée à un Français et vivant en France depuis vingt ans. Elle coache Ahmed, diplomate africain prenant un poste aux Nations unies. Chaque fois que ce dernier évoque ses relations avec les femmes, supérieures, pairs ou subordonnées, Kathy ne peut contenir sa colère et devient inopérante dans le processus. Michel, son superviseur, est heureusement familier avec les problématiques interculturelles et lui permet de résoudre ce problème.

En outre, chacun des contrats doit être reconsidéré en fonction de l'environnement culturel. Au niveau *formel*, des clauses comme celle de la confidentialité n'ont pas le même sens ici ou là ; au niveau *relationnel*, certaines cultures ne savent pas respecter un cadre temporel ; enfin, le contrat *inconscient* est bouleversé par l'altérité.

Les problématiques interculturelles que le coaching permet de résoudre sont nombreuses. Elles n'ont cependant pas encore été circonscrites avec précision. Mais il est clair, par exemple, que la prise de poste d'un manager en charge de cultures multiples soulève des questions particulières, telles que celle de la légitimité.

Nous l'avons dit : il est essentiel de tenir compte de la montée en puissance des pays asiatiques, qui interviendront de plus en plus fréquemment parmi les acteurs d'un coaching. La première question que pose cet environnement nouveau est celle de l'adéquation des outils : ceux que nous utilisons (Analyse Transactionnelle, PNL…) ont tous été conçus dans les années 1950 par et pour la culture américaine, avec un présupposé fondamentalement individualiste. Si ces outils fortement teintés de protestantisme fonctionnent bien dans les pays d'Europe, ils sont par contre peu opérants dans les contextes « collectivistes » (au sens culturel) comme l'Afrique, le Moyen-Orient ou l'Asie.

3. La technologie et le coaching

La technologie est un formidable appareil à rendre réel l'irréel et à contracter le temps. Elle ouvre aujourd'hui la voie à des outils très sophistiqués. Certains permettent par exemple de comprendre et d'apprivoiser les émotions en visualisant en temps réel l'état du système somatique (rythmes, production hormonale…), tel le logiciel *Freeze-Framer*, qui rend observable sur un écran d'ordinateur la cohérence cardiaque, mesurée à l'aide d'un capteur placé au doigt ou à l'oreille. Allant plus loin encore, la société QPM (Quantic Potential Measurement) propose un système matériel et logiciel permettant, par la saisie de caractéristiques bio-physiologiques, d'établir un profil de personnalité qui serait fiable et compatible avec les résultats que pourraient donner l'ennéagramme, le MBTI ou les outils de mesure de l'intelligence émotionnelle. Dans le domaine de la formation interculturelle, il existe des jeux de simulation sur ordinateur permettant de placer la personne face à des situations, incidents et surprises qui exigent une réaction immédiate révélatrice des représentations. Les plus récents utilisent toutes les ressources audio et vidéo, et agissent sur les émotions comme un « jeu d'arcade » : la personne est « en situation » et se comporte « comme si ». Ces jeux informatisés permettent d'aborder de multiples aspects du management, du leadership ou de la relation, en engageant les émotions sans aucun effet de violence sur l'autre.

L'émergence de ces nouveaux instruments ouvre pour le coaching deux champs d'étude. Il s'agit d'abord de mesurer l'impact de la technologie sur l'exercice du coaching, par exemple celui de l'utilisation de l'outil Freeze-Framer sur un entretien. Il s'agit ensuite de se demander comment la technologie peut aider à résoudre une certaine catégorie de problématiques. Dans l'état actuel de la réflexion sur le coaching, ces questionnements sont sans réponse. Mais le monde avance par l'initiative de chacun, ou de ses groupes d'appartenance, et la communauté des coachs produira sans aucun doute les concepts et les outils permettant à la profession de satisfaire la demande du marché.

4. POUR CONCLURE

Au contraire de l'univers du soin institutionnel qui relève d'une logique du don et du contre-don, c'est-à-dire sacrificielle, l'univers du coaching est marchand, c'est-à-dire qu'il obéit à une logique où la régulation de la demande se fait par une offre qui met en jeu l'équilibre financier des acteurs. Si la souffrance peut être partagée par la communauté, le mieux-être de chacun relève de son propre désir, et reste donc à sa charge.

Quelle est la relation entre la recherche du « mieux », par rapport à la résolution du « moins » ? Tel est le questionnement de notre société moderne et, fidèles à notre position de coach, nous laisserons le lecteur y réfléchir.

BIBLIOGRAPHIE

ALBERT Éric, BOURNOIS Frank, DUVAL-HAMEL Jérôme, ROJOT Jacques, ROUSSILLON Sylvie, SAINSAULIEU Renaud, *Pourquoi j'irais travailler*, Paris, Eyrolles, 2003.

ALBERT Éric, ÉMERY Jean-Luc, *Le manager est un psy*, Paris, Éditions d'Organisation, 1998.

ANGEL Pierre, AMAR Patrick, *Le Coaching*, Paris, Presses universitaires de France (« Que Sais-je ? »), 2005.

AUBERT Nicole (dir.), *Diriger et motiver*, Paris, Éditions d'Organisation, 1996.

ASHBY Ross, *An Introduction to Cybernetics*, Londres, Chapman and Hall, 1956.

BALTA François, MULLER Jean-Louis, *La Systémique avec les mots de tous les jours*, Paris, ESF, 2001.

BEAUVOIS Jean-Léon, JOULE Robert-Vincent, *Petit traité de manipulation à l'usage des honnêtes gens*, Grenoble, Presses universitaires de Grenoble, 2000.

BERGERET Jean, *Le Normal et le Pathologique*, Paris, Dunod, 1974.

BERNE Éric, *Analyse transactionnelle et psychothérapie*, Paris, Payot (« Petite Bibliothèque Payot »), 1971.

BERNOLE André, *Le Coaching des vendeurs*, Paris, Éditions d'Organisation, 1998.

BLANC Yves, *Le Manager à l'écoute*, Paris, Dunod, 2003.

BLANCHET Alain, *Dire et faire dire : l'entretien*, Paris, Armand Colin, 1991.

BLANCHET Geneviève, BLANCHET Alain, « Interactional Effect of the Environment on the Interview », *European Journal of Psychology of Education*, IX, 1, 1994, p. 41-53.

BLANC-SAHNOUN Pierre, *Mobiliser toutes les facettes de sa personnalité*, Paris, InterÉditions, 2003.

—, *Business Blues*, Paris, Éditions d'Organisation, 2004.

BOND Michael *et al.*, « Empirical Study of Self-Rated Defense Styles », *Arch. Gen. Psychiatry*, 40, 1983, p. 333-338.

BRUNNER Roland, *Le Psychanalyste et l'Entreprise*, Paris, Syros, 1995.

—, *La Psychanalyse expliquée aux managers*, Paris, Éditions d'Organisation, 2004.

BOESCHE Marc (dir.), *Le Management interculturel*, Paris, Nathan, 1993.

BROESCH Christian, HAURAT Alain, *La Modélisation systémique en entreprise*, Paris, Hermès, 1995.

CABY François, *Le Coaching*, Paris, Éditions de Vecchi, 2002.

CARDON Alain, *Coaching d'équipe*, Paris, Éditions d'Organisation, 2003.

CARTON Gérard-Dominique, *Éloge du changement*, Paris, Village Mondial, 1997.

CHARRON Jean-Luc, SEPARI Sabine, *Organisation et gestion de l'entreprise*, Paris, Dunod, 2001.

CHAVEL Thierry, *Le Coaching démystifié*, Paris, Demos, 2001.

—, *Profession : Coach*, Paris, Demos, 2003.

CLAUDE Jean-François, *Le Management par les valeurs*, Paris, Liaisons, 2001.

COLLIGNON Gérard, *Comment leur dire*, Paris, InterÉditions, 1999.

COLONNA Cégolène, *Intégrer la dynamique du coaching dans votre vie*, Paris, Dunod, 2002.

CRUELLAS Philippe, *Coaching, un nouveau style de management*, Paris, ESF, 1993.

DE BORDES Pascal, *Le Coaching efficace des commerciaux*, Paris, Dunod, 1996

DEBOUT Michel, LAROSE Christian, *Violences au travail*, Paris, VO Éditions, 2003.

DEJOURS Christophe, VEIL Claude, WISNER Alain, *Psychopathologie du travail*, Paris, ESF, 1985.

DELIVRE François, *Le Métier de coach*, Paris, Éditions d'Organisation, 2002.

DEVILLARD Olivier, *La Dynamique des équipes*, Paris, Éditions d'Organisation, 2000 (deuxième édition : 2003).

—, *Coacher*, Paris, Dunod, 2005.

DESPONDS Jacques, *Le Coaching quotidien*, Paris, Maxima, 2003.

DONNADIEU Gérard, KARSKY Michel, *La Systémique, penser et agir dans la complexité*, Paris, Liaisons, 2002.

DUBOIS Nicole, *La Psychologie du contrôle*, Grenoble, Presses Universitaires de Grenoble, 1987.

FAYOL Henry, *Administration industrielle et générale* (1916), Paris, Dunod, 1966.

FORESTIER Gilles, *Regards croisés sur le coaching*, Paris, Éditions d'Organisation, 2002.

FUSTIER Paul, *Le Lien d'accompagnement : entre don et contrat salarial*, Paris, Dunod, 2001.

GALLWEY Timothy, *Tennis et Concentration*, Paris, Laffont, 1984.

GAUTIER Bénédicte et VERVISCH Marie-Odile, *Le Manager Coach*, Paris, Dunod, 2000.

GENELOT Dominique, *Manager dans la complexité*, Paris, INSEP, 2001.

HEVIN Bernard, TURNER Jane, *Manuel de coaching*, Paris, Dunod, 2003.

HIGY-LANG Chantal, GELLMAN Charles, *Le Coaching*, Paris, Éditions d'Organisation, 2000.

HIRIGOYEN Marie-France, *Le Harcèlement moral*, Paris, Syros, 1998.

HOLPP Lawrence, *Manager et coacher son équipe*, Paris, Maxima, 2003.

IONESCU Serban, JACQUET Marie-Madeleine, LHOTE Claude, *Les Mécanismes de défense : théorie et clinique*, Paris, Nathan, 2001.

KETS DE VRIES Manfred, *Combat contre l'irrationalité des managers*, Paris, Éditions d'Organisation, 2002.

KOURILSKY-BELLIARD Françoise, *Du désir au plaisir de changer*, Paris, Dunod, 2004.

DE LASSUS René, *La Communication efficace par la PNL*, Paris, Marabout, 1992.

LADOUCEUR Robert, FONTAINE Ovide, COTTREAUX Jean, *Les Thérapies comportementales et cognitives*, Paris, Masson, 1995.

LEIGH Andrew, MAYNARD Michael, *Leading your Team, How to Involve and Inspire Teams*, New York, Nichola Bealey, 2002.

LENHARDT Vincent, *Les Responsables porteurs de sens*, Paris, INSEP, 2002.

LIPOVETSKY Gilles, *L'Empire de l'éphémère*, Paris, Gallimard, 1987.

LONGIN Pierre, *Coachez votre équipe*, Paris, Dunod, 2003.

MAISONS Christian, *Le Coaching stratégique*, Paris, Maxima, 1999.

MALAREWICZ Jacques-Antoine, *Systémique et entreprise*, Paris, Village Mondial, 2000.

—, *Réussir un coaching*, Paris, Village Mondial, 2003

MASSE Laurence, « Le Thérapeute, son corps et le langage », *Psychologie Française*, 44-1, 1999, p. 47-64.

MOYSON Roger, *Le Coaching, développer le potentiel de ses collaborateurs*, Bruxelles, De Boeck Université, 2001.

MORAL Michel, *Le Manager global : comment piloter une équipe multiculturelle*, Paris, Dunod, 2004.

NATHAN Tobie, « Prolégomènes à une théorie générale des opérateurs thérapeutiques », *Nouvelle Revue d'ethnopsychiatrie*, 8-9, 1987, 7-16.

—, *L'Influence qui guérit*, Paris, Odile Jacob, 1994.

NATHAN Tobie, BLANCHET Alain, IONESCU Serban, ZAJDE Nathalie, *Psychothérapies*, Paris, Odile Jacob, 1998.

NISBETT Richard, *The Geography of Thought, How Asians and Westerners think differently and why*, New York, Free Press, 2003.

NIZET Jean, HUYBRECHTS Chantal, *Interventions systémiques dans les organisations*, Bruxelles, De Boeck Université, 1998.

PUGH Derek, HICKSON David, *Organizational Structure in its Context : The Aston Programme I*, Farnborough, Saxon House, 1976.

ROTTER Julian, « Generalized Expectancies for Internal *versus* External Control of Reinforcement », *Psychological Monographs*, 80, 609, 1966.

RENAUD-BOULARD Martine, *Le Management au féminin : promouvoir les talents*, Paris, Jauze, 2005.

ROSINSKI Philippe, *Coaching across Cultures*, Londres, Bealey, 2003.

ROUVIN Amélie, *Clés pour le Coaching*, Paris, Maxima, 2004.

STACKE Édouard, *Coaching d'entreprise*, Paris, Village Mondial, 2000.

STEWARD Ian, JOINES Vann, *Manuel d'Analyse Transactionnelle*, Paris, InterÉditions, 1998.

TAYLOR Frederick, *La Direction scientifique des entreprises* (1911), Paris, Dunod, 1957.

TURNER Jane, HEVIN Bernard, *Construire sa vie adulte, Comment devenir son propre coach*, Paris, InterÉditions, 2000.

WATZLAWICK Paul, WEAKLAND John, FISCH Richard, *Changements, Paradoxes et Psychothérapie*, Paris, Seuil (« Point Essais »), 1975.

WATZLAWICK Paul, *Une logique de la communication*, Paris, Seuil, 1972.

—, *Le Langage du changement*, Paris, Seuil, 1980.

WHITMORE John, *Coaching, les techniques d'entraînement du sport de haut niveau au service des entreprises*, Paris, Maxima, 1994.

WINKIN Yves, *La Nouvelle Communication*, Paris, Seuil, 2000.

YATCHINOVSKY Arlette, *L'Approche systémique*, Paris, ESF, 2000.

INDEX

Composé par Nord Compo
à Villeneuve-d'Ascq

11000887 - (I) - (3) - NdCompo - OSB 80° - ACT -
Imprimé en Espagne par LIBERDÚPLEX (Barcelone)
Dépôt Légal : décembre 2005

SAGESSES
de la Roue de l'année

De la même auteure, chez le même éditeur

Femme lunaire – agenda chamanique et cyclique,
avec Amandine Sellier, 2023.
Messages de l'Univers, illustré par Célia Mélesville, 2023.
L'Oracle des messages de ton corps, illustré par Célia Mélesville, 2022.
Les Pouvoirs extraordinaires de l'énergie, 2022.
Journal de reconnexion à ton âme, illustré par Célia Mélesville, 2021.
L'Oracle des messages de ton cœur, illustré par Célia Mélesville, 2021.
L'Oracle des messages de ton âme, illustré par Célia Mélesville, 2020.

Textes : © Charlotte Daynes.
Illustrations : © Ana Novaes – @ltg.art.
Création maquette et mise en pages : Bénédicte Souffrant – PCA-CMB.

ISBN : 978-2-84933-929-9

www.editions-tredaniel.com
info@guytredaniel.fr
www.facebook.com/tredanieleso
@tredaniel_eso